Michael Stiller

Kundenberatung im persönlichen Verkauf

GABLER EDITION WISSENSCHAFT

Michael Stiller

Kundenberatung im persönlichen Verkauf

Ein problemlösungsorientierter Ansatz
für den stationären Einzelhandel

Deutscher Universitäts-Verlag

Bibliografische Information Der Deutschen Bibliothek
Die Deutsche Bibliothek verzeichnet diese Publikation in der Deutschen Nationalbibliografie;
detaillierte bibliografische Daten sind im Internet über <http://dnb.ddb.de> abrufbar.

Dissertation RWTH Aachen, 2005

1. Auflage Juli 2006

Alle Rechte vorbehalten
© Deutscher Universitäts-Verlag | GWV Fachverlage GmbH, Wiesbaden 2006

Lektorat: Brigitte Siegel / Stefanie Loyal

Der Deutsche Universitäts-Verlag ist ein Unternehmen von Springer Science+Business Media.
www.duv.de

Das Werk einschließlich aller seiner Teile ist urheberrechtlich geschützt.
Jede Verwertung außerhalb der engen Grenzen des Urheberrechtsgesetzes
ist ohne Zustimmung des Verlags unzulässig und strafbar. Das gilt insbesondere für Vervielfältigungen, Übersetzungen, Mikroverfilmungen und die
Einspeicherung und Verarbeitung in elektronischen Systemen.

Die Wiedergabe von Gebrauchsnamen, Handelsnamen, Warenbezeichnungen usw. in diesem
Werk berechtigt auch ohne besondere Kennzeichnung nicht zu der Annahme, dass solche
Namen im Sinne der Warenzeichen- und Markenschutz-Gesetzgebung als frei zu betrachten
wären und daher von jedermann benutzt werden dürften.

Umschlaggestaltung: Regine Zimmer, Dipl.-Designerin, Frankfurt/Main
Druck und Buchbinder: Rosch-Buch, Scheßlitz
Gedruckt auf säurefreiem und chlorfrei gebleichtem Papier
Printed in Germany

ISBN-10 3-8350-0473-5
ISBN-13 978-3-8350-0473-3

Vorwort

Im Einzelhandel werden kontinuierlich Absatzrückgänge verzeichnet. Dieser Umstand hat für einen Preiskampf gesorgt, indem durch offensive Kommunikation und beständige Rabatt- und Sonderpreisaktionen um neue Kunden gebuhlt wird. Dieser Preiskampf führt lediglich zum Verschieben von Marktanteilen; neue Kunden werden nicht gewonnen, weswegen eine derartige Preisgestaltung nicht auf Dauer als Instrument zum Schaffen von Wettbewerbsvorteilen taugt. Darüber hinaus verunsichert die heutige Alternativenvielfalt in den verschiedenen Produktklassen die Kunden und führt zu weiterer Kaufzurückhaltung. Eine Möglichkeit dem zu begegnen, ist die Produktberatung im persönlichen Verkauf. Umso erstaunlicher ist die Tatsache, dass die Produktberatung in der gängigen wissenschaftlichen Literatur bisher nur wenig Beachtung gefunden hat. Daher werden theoretische Grundlagen zur Analyse und Konzeption der Produktberatung im Verkaufsgespräch erarbeitet, die als Ausgangspunkt zur Konzeption der Produktberatung im Einzelhandel dienen können. So lassen sich Anhaltspunkte für das Entwickeln von Gesprächsleitfäden ableiten, die somit Handelsunternehmen als Grundlage der Ausbildung und des Trainings des Verkaufspersonals dienen können.

An dieser Stelle möchte ich mich bei den Menschen bedanken, ohne die diese Arbeit sicherlich nicht gelungen wäre: Zunächst möchte ich mich bei meinem akademischen Lehrer Univ.-Prof. Dr. Hartwig Steffenhagen bedanken, der mir die Möglichkeit gab, mich sowohl wissenschaftlich als auch persönlich am Lehrstuhl für Unternehmenspolitik und Marketing im Rahmen meiner Tätigkeit als wissenschaftlicher Angestellter zu verwirklichen. Mein Dank gilt auch Herrn Univ.-Prof. Dr. Hans-Horst Schröder der im Rahmen des Korreferats durch seine Verbesserungsvorschläge zur Qualitätssteigerung dieser Arbeit beigetragen hat. Darüber hinaus möchte ich auch den Herren Univ.-Prof. Dr. Matthias Wrede und Univ.-Prof. Dr. Harald Dyckhoff für ihr angenehmes und konstruktives Mitwirken in der Promotionskommission danken.

Ebenso möchte ich mich an dieser Stelle bei meinen Kolleginnen und Kollegen und den studentischen Hilfskräften am Lehrstuhl für Unternehmenspolitik und Marketing für ein gelungenes und konstruktives Zusammenarbeiten bedanken. Hier sind insbesondere Dipl.-Kfm. Aiman Chammout und Dr. Thomas Titzkus zu nennen, mit denen mich sowohl fachlicher Austausch als auch die gelegentlichen Feierabendbierchen wohl noch weit über unsere Lehrstuhlzeit hinaus verbinden werden. Dank gebührt auch Dipl.-Kff. Anke Jochheim für die Korrektur des Manuskripts. Dies gilt aber auch für die Kollegen, mit denen ich noch in meiner Zeit als studentische Hilfskraft zusammenarbeiten durfte. Insbesondere Dr. Ralf Schmidt, Dr. Stefan Henrichsmeier und Dr. Jürgen Fischer sind hier zu nennen, da sie mir stets ein Diskussionsforum im Rahmen ihrer Tätigkeit als Geschäftsführer der team steffenhagen GmbH gegeben haben. In diesem Rahmen danke ich auch Dr. Jan Scholzen, der durch die Korrektur der Rohversion dieser Arbeit wohl einen wesentlichen Anteil an der Qualitätssteigerung trägt. Aber auch die Kollegin des „Nachbarlehrstuhls" Dr. Susan Pulham hat mich in zahlreichen Diskussionen und Telefonaten beim Ergründen der Kausalanalyse tatkräftig unterstützt. Dafür Euch allen herzlichen Dank!

Einen entscheidenden Beitrag zum Gelingen dieser Arbeit haben auch meine Dinslakener Freundinnen und Freunde geleistet, indem sie mich durch einen gelungen Mix an Ruhe und gemeinsamer Zerstreuung unterstützten. Im gleichen Sinne möchte ich auch meiner Familie danken. Allen voran meinen Eltern Erika und Klaus Stiller, die mich über das obige hinaus bei allen meinen Vorhaben stets unterstützt haben und es auch heute noch tun. Ohne sie hätte ich diesen meinen Weg nicht beschreiten können!

Nicht zuletzt möchte ich an dieser Stelle aber Dipl.-Kff. Nora Eckel danken! Sie hat mir bei allen Höhen und Tiefen, die beim Entstehen einer solchen Arbeit wohl unweigerlich sind, in allen nur erdenklichen Arten und Weisen beigestanden. So hat sie nicht nur durch unermüdliches Korrigieren, Abbildungen Zeichnen und fachliches Diskutieren sondern auch durch ihren seelischen Beistand, ihre Aufmunterungen und ihr Verständnis dafür gesorgt, dass sowohl diese Arbeit als auch unser Zusammenleben zu einer tollen Sache geworden sind.

Michael Stiller

Inhaltsverzeichnis

Vorwort V
Abbildungsverzeichnis XI
Tabellenverzeichnis XIII
Abkürzungsverzeichnis XV

A Einleitung 1
1 Problemstellung und Ziel der Arbeit 1
2 Gang der Untersuchung 3

B Forschungsgrundlagen 5
1 Begriffliche Grundlagen 5
   1.1 Begriff der Produktberatung 5
      1.1.1 Definition und Explikation eines allgemeinen Beratungsbegriffs 5
      1.1.2 Definition und Explikation des Begriffs der Produktberatung 8
      1.1.3 Produktberatung im Kontext des persönlichen Verkaufs im stationären Facheinzelhandel 10
      1.1.4 Der Dienstleistungscharakter der Produktberatung 13
   1.2 Explikation und Definition des Begriffs der Produktberatungsqualität 15
      1.2.1 Explikation des Qualitätsbegriffs 15
      1.2.2 Definition des Begriffs Produktberatungsqualität 18
2 Kaufentscheidungsprobleme als Ausgangspunkt der Produktberatung 19
   2.1 Struktur und Arten von Entscheidungsproblemen 19
   2.2 Ausgewählte Erkenntnisse der Kaufentscheidungsforschung 23
      2.2.1 Kaufentscheidungsprozesse als Informationsverarbeitung 23
         2.2.1.1 Definition und Explikation des Informationsbegriff 24
         2.2.1.2 Means end-Theorie 25
         2.2.1.3 Informationsarten 28
      2.2.2 Kaufentscheidungsprozesse 30
   2.3 Kaufentscheidungsprobleme 34
      2.3.1 Unsicherheit als grundsätzliche Barriere bei Kaufentscheidungen 34
         2.3.1.1 Theorie des wahrgenommenen Risikos 34
         2.3.1.2 Informationsökonomischer Unsicherheitsbegriff 37
      2.3.2 Arten von Kaufentscheidungsproblemen 39
         2.3.2.1 Zielprobleme 43
         2.3.2.2 Suchprobleme 44
         2.3.2.3 Auswahlprobleme 45
      2.3.3 Involvement als Bestimmungsgröße des Ausmaßes des Kaufentscheidungsproblems 47

C Konzeptualisierung der Produktberatungsqualität ... 51

1 Konzeptioneller Rahmen der Produktberatungsqualität ... 51
1.1 Dimensionen der Dienstleistungsqualität ... 51
    1.1.1 Prozessbezogene Konzepte ... 52
    1.1.2 Merkmalscharakterisierende Konzepte ... 54
    1.1.3 Das Konzept von Parasuraman, Zeithaml & Berry ... 55
1.2 Kritische Würdigung der vorgestellten Konzepte im Hinblick auf das vorliegende Forschungsziel ... 56
1.3 Konzeption der Produktberatungsqualität ... 57
    1.3.1 Struktur einer Produktberatungssituation ... 57
    1.3.2 Bezugsrahmen der Bestimmungsgrößen der Produktberatungsqualität ... 59

2 Leistungsbestandteile des Produktberatungsergebnisses ... 61
2.1 Problemlösung als Determinante des Produktberatungsergebnisses ... 61
    2.1.1 Allgemeiner Ansatz ... 61
    2.1.2 Moderierende Effekte der Art des Kaufentscheidungsproblems ... 62
2.2 Vertrauen als Determinante der Problemlösung durch die Produktberatung ... 64

3 Leistungsbestandteile des Beratungsprozesses ... 67
3.1 Grundlagen der Informationsaufnahme in der persönlichen Kommunikation ... 67
    3.1.1 Begriff und Teilaspekte der Informationsaufnahme ... 67
    3.1.2 Mehrebenen-Modell einer Botschaft in der persönlichen Kommunikation ... 70
    3.1.3 Formen des kommunikativen Austausches in der Interaktion ... 72
3.2 Aufnahme von Sachinhalten zur Problemlösung bei der Produktberatung ... 74
    3.2.1 Informationsbedarf ... 74
    3.2.2 Moderierende Effekte des Kaufentscheidungsproblems ... 77
3.3 Akzeptanzfördernde Kommunikation ... 78
    3.3.1 Verstehen von Informationen ... 78
    3.3.2 Anführen von Beweisen zur Vertrauensförderung ... 80
    3.3.3 Hinweise auf nicht-opportunistisches Verhalten ... 83
        3.3.3.1 Aktives Zuhören ... 83
        3.3.3.2 Vertrauensmindernde Appelle in der Produktberatung ... 84
        3.3.3.3 Zwischenfazit ... 85
    3.3.4 Moderierender Effekt des Kaufentscheidungsproblems ... 86
3.4 Beziehung als Grundlage des Wahrnehmens von Informationen ... 86

Inhaltsverzeichnis

4 Leistungsbestandteile der Beratungspotentiale 93
    4.1 Ursachenattribution 93
    4.2 Empirische Erkenntnisse und Überlegungen zu den Rahmenbedingungen der Produktberatung 95
        4.2.1 Verfügbarkeit von Beweismitteln 95
        4.2.2 Verfügbarkeit des Verkäufers 96
        4.2.3 Erscheinungsbild des Verkäufers 96
        4.2.4 Fachwissen des Verkäufers 97

D Empirische Analyse der Produktberatungsqualität 99

1 Entwicklung eines vollständigen Kausalmodells zur empirischen Analyse der Produktberatungsqualität 99
    1.1 Erhebungstechnische und methodische Aspekte 99
        1.1.1 Zufriedenheits- und einstellungsorientiertes Messen von Qualität 99
        1.1.2 Heranzuziehende Messskala 104
        1.1.3 Vorgehensweise im Rahmen der Kausalanalyse 106
    1.2 Schätzung der Mess- und Strukturmodelle und Analyse der Modellgüte des allgemeinen Modells 109
        1.2.1 Datengrundlage 109
        1.2.2 Operationalisierung latenter Variablen und Gütebeurteilung der Messmodelle 110
        1.2.3 Parameterschätzung, Modellbeurteilung und Überprüfen der Vermutungen 121
    1.3 Einfluss des Kaufentscheidungsproblems auf die Produktberatungsqualität 128

2 Diskussion und Implikationen der Ergebnisse 137
    2.1 Wissenschaftliche Bewertung der Ergebnisse 137
        2.1.1 Zusammenfassung der zentralen Erkenntnisse 137
        2.1.2 Grenzen der Untersuchung und weiterer Forschungsbedarf 138
    2.2 Implikationen für die Praxis 139

E Zusammenfassender Überblick über wesentliche Untersuchungsergebnisse 143

Anhang A   Fragebogen 145

Literaturverzeichnis 153

Abbildungsverzeichnis

Abbildung 1:	Integrative Sichtweise des Dienstleistungsbegriffs	14
Abbildung 2:	Problemkategorien	21
Abbildung 3:	Kettenglieder der means end chain	26
Abbildung 4:	Phasen des Kaufentscheidungsprozesses	32
Abbildung 5:	Arten von Kaufentscheidungsproblemen (I)	41
Abbildung 6:	Arten von Kaufentscheidungsproblemen (II)	42
Abbildung 7:	Qualitätsdimensionen nach DONABEDIAN und deren funktionaler Zusammenhang	52
Abbildung 8:	Bezugsrahmen der Bestimmungsgrößen der Produktberatungsqualität	59
Abbildung 9:	Theoretischer Bezugsrahmen zur Informationsaufnahme	68
Abbildung 10:	Mehrebenen-Modell der Kommunikation	71
Abbildung 11:	Formen der Interaktion	73
Abbildung 12:	Beziehungen in der Transaktionsanalyse (I)	90
Abbildung 13:	Beziehungen in der Transaktionsanalyse (II)	91
Abbildung 14:	Zufriedenheitsorientiertes Qualitätsverständnis	101
Abbildung 15:	Einstellungsorientiertes Qualitätsverständnis	103
Abbildung 16:	Indikatoren zur Messung des globalen Qualitätsurteils	105
Abbildung 17:	Darstellung eines vollständigen Kausalmodells	107
Abbildung 18:	Spezifikation des vollständigen Kausalmodells zur Bestimmung der Produktberatungsqualität	122
Abbildung 19:	Standardisierte Lösung des Strukturmodells zur Bestimmung der Produktberatungsqualität	124
Abbildung 20 :	Barriere einer Kaufentscheidung	129
Abbildung 21:	Involvement (Indikator 1)	130
Abbildung 22:	Involvement (Indikator 2)	130
Abbildung 23:	Involvement (Indikator 3)	131
Abbildung 24:	Indikatoren zur Bestimmung der Problemart	132
Abbildung 25:	Verteilung der Problemarten	134

Tabellenverzeichnis

Tabelle 1:	Tabelle zur Verhaltensdiagnose der Persönlichkeitsstruktur	89
Tabelle 2:	Ergebnisse der exploratorischen und konfirmatorischen Faktoranalyse der exogenen latenten Variablen (Beratungspotential)	113
Tabelle 3:	Ergebnisse der exploratorischen und konfirmatorischen Faktoranalyse der exogenen latenten Variablen (Beratungsprozess)	114
Tabelle 4:	Ergebnisse der exploratorischen und konfirmatorischen Faktoranalyse der endogenen latenten Variablen (Beratungsprozess) – Teil 1	118
Tabelle 5:	Ergebnisse der exploratorischen und konfirmatorischen Faktoranalyse der endogenen latenten Variablen (Beratungsprozess) – Teil 2	119
Tabelle 6:	Ergebnisse der exploratorischen und konfirmatorischen Faktoranalyse der endogenen latenten Variablen (Beratungsergebnis).	120
Tabelle 7:	Ergebnisse der exploratorischen und konfirmatorischen Faktoranalyse der endogenen latenten Variablen „Qualität"	121
Tabelle 8:	Tabellarische Zusammenfassung der Vermutungen zu Bestimmungsgrößen der Produktberatungsqualität (I)	127
Tabelle 9:	Tabellarische Zusammenfassung der Vermutungen zu Bestimmungsgrößen der Produktberatungsqualität (II)	128
Tabelle 10:	Ergebnisse der exploratorischen und der konfirmatorischen Faktoranalyse der latenten Variablen des Kaufentscheidungsproblems	132
Tabelle 11:	Tabellarische Zusammenfassung der Vermutungen zum moderierenden Effekt des Kaufentscheidungsproblems	135

Abkürzungsverzeichnis

AGFI	Adjusted Goodness of Fit Index
AMOS	Analysis of Moment Structure
bspw.	beispielsweise
bzgl.	bezüglich
CFI	Comparative Index of Fit
d.h.	das heißt
etc.	et cetera
f.	folgende
ff.	fortfolgende
GFI	Goodness of Fit Index
NFI	Normed Fix Index
RMSEA	Root Mean Standard Error Approximation Index
RMR	Root Mean Square Residual Index
SPSS	Statistical Package for the Social Sciences
u.a.	unter anderem/ unter anderen
usw.	und so weiter
V_{E1}	Vermutung Nummer 1 bzgl. des Beratungsergebnisses
V_{R1}	Vermutung Nummer 1 bzgl. des Beratungsprozesses
V_{P1}	Vermutung Nummer 1 bzgl. des Beratungspotentials
V_{m1}	Vermutung Nummer 1 bzgl. eines mediierenden Effekts
vgl.	vergleiche
z.B.	zum Beispiel

A Einleitung

1 Problemstellung und Ziel der Arbeit

Im Einzelhandel werden kontinuierlich Absatzrückgänge verzeichnet.[1] Dieser Umstand hat für einen Preiskampf gesorgt, indem durch offensive Kommunikation und beständige Rabatt- und Sonderpreisaktionen um neue Kunden gebuhlt wird. Allerdings scheint dieses Konzept für die jeweiligen Handelsunternehmen nur bedingt erfolgreich zu sein: Der Preiskampf führt lediglich zum Verschieben von Marktanteilen; neue Kunden werden nicht gewonnen.[2] Deshalb wird eine derartige Preisgestaltung nicht auf Dauer als Instrument zum Schaffen von Wettbewerbsvorteilen taugen, da sich Margen und Renditen bereits am unteren Limit der Profitabilität bewegen. Vielmehr führen die „Rabattschlachten" zur Kaufzurückhaltung, denn „wer zu früh kauft, den bestraft das Sonderangebot".[3] Darüber hinaus verunsichert die heutige Alternativenvielfalt in den verschiedenen Produktklassen die Kunden, da diese kaum noch Qualitätsunterschiede zwischen den Alternativen feststellen können, was ebenfalls in Kaufzurückhaltung resultiert.[4]

Eine Möglichkeit, der Kaufzurückhaltung zu begegnen, die aus der Verunsicherung der Kunden bzgl. der Qualitätsunterschiede von Produktalternativen resultiert, ist die Beratung des persönlichen Verkaufs, im Folgenden auch Produktberatung genannt. Es scheint unmittelbar nachvollziehbar, dass Produktberatung den Kunden helfen kann, Qualitätsunterschiede besser wahrnehmen und Kaufentscheidungen leichter treffen zu können. Darüber hinaus bietet sie, sofern sie auf hohem qualitativem Niveau angeboten wird, einen Erfolg versprechenden Ansatz, um sich vom Wettbewerb zu differenzieren.[5] HOMBURG etwa schreibt daher der Produktberatung eine besondere Rolle im Rahmen der Kundenbindung zu.[6] Umso erstaunlicher ist, dass der Beratung in der wissenschaftlichen Literatur kaum Beachtung geschenkt wird,

---

[1] Vgl. o.V. (2003).
[2] Vgl. Mett, U. (2003), S. 20.
[3] Mett, U. (2003), S. 20.
[4] Vgl. Rudolph, T., Schweizer, M. (2003), S. 23ff.
[5] Vgl. Fassnacht, M. (2000), S. 87.
[6] Vgl. Homburg, C. (1999), S. 878f.

obwohl ihr sehr wohl eine bedeutende Rolle beim persönlichen Verkauf im Einzelhandel eingeräumt wird.[1]

So existieren nur einige wenige Arbeiten, die sich wissenschaftlich fundiert mit diesem Thema beschäftigen: SCHUCKEL legt eine Untersuchung zu Erwartungen an die **Bedienung** im Einzelhandel vor, die sich implizit auch auf die Beratung als Teilaufgabe der Bedienung bezieht.[2] HAAS beschäftigt sich explizit mit den *Auswirkungen* der Produktberatung.[3] HAAS/ DILLER untersuchen Zufriedenheit mit Beratungsleistungen bei Finanzprodukten.[4] Keiner der Autoren legt allerdings dar, was unter Beratung verstanden werden soll, wodurch auch unklar ist, welche Leistungen bei einer Beratung betroffen sind und wie diese auszugestalten sind, damit die Erwartungen des Kunden erfüllt werden. Auch in der englischsprachigen Literatur existieren keine bekannten Arbeiten, die sich explizit mit der Beratung im persönlichen Verkauf beschäftigen.

So besteht das Hauptziel dieser Arbeit darin, **theoretisch fundiert Einflussgrößen der Produktberatungsqualität im Einzelhandel aufzudecken.** Hierfür müssen bestimmte Teilziele erfüllt werden, die sich aus dem anerkannten Vorgehen zum Erforschen sozialwissenschaftlicher Phänomene, wie die Produktberatung eines ist, ergeben:[5] Zunächst muss der Begriff der Produktberatungsqualität bestimmt und von ähnlichen Begriffen abgegrenzt werden. Darauf aufbauend soll das Konstrukt der Produktberatungsqualität konzeptualisiert werden, wobei diese Konzeptualisierung den Rahmen zur Ausgestaltung eines Messmodells der Produktberatungsqualität bildet: Die theoretisch abgeleiteten Vermutungen fließen in ein vollständiges Kausalmodell ein, das der Überprüfung dieser Vermutungen dient.

---

[1] Vgl. zur Bedeutung der Beratung im persönlichen Verkauf Haas, A. (2003), S. 22; Müller-Hagedorn, L. (2002), S. 331; Pepels, W. (1995), S. 104; Wald, R. (1985), S. 178ff.
[2] Vgl. Schuckel, M. (1999).
[3] Vgl. Haas, A. (2001), S. 87ff.
[4] Vgl. Haas, A. (2003).
[5] Vgl. zum methodischen Vorgehen Hildebrandt, L. (1999), S. 36ff.; Friedrichs, J. (1990), S. 50ff.; Zaltman, G., Pinson, C.R.A., Angelmar, R. (1973), S. 4ff.

2 Gang der Untersuchung

In dem sich dieser Einleitung anschließenden **Teil B** dieser Arbeit wird zunächst der Begriff der Produktberatung geklärt. Ausgehend von einem allgemeinen Beratungsbegriff wird der Begriff der Produktberatungsqualität abgeleitet und von inhaltlich ähnlichen Begriffen abgegrenzt. Darüber hinaus wird in diesem Teil der Arbeit dargelegt werden, warum ein Kunde überhaupt Beratung in Anspruch nimmt. Aus diesem Grund wird das Phänomen des Kaufentscheidungsproblems eines Kunden näher analysiert, um als Grundlage für die weiteren Ausführungen zu dienen.

In **Teil C** wird das Konstrukt der Produktberatungsqualität konzeptualisiert. Zunächst werden in der Literatur als etabliert geltende Konzeptionen der Dienstleistungsqualität vorgestellt. Diese werden auf ihre Eignung zur Bestimmung der Produktberatungsqualität überprüft. Auf Grundlage dieser Ansätze wird ein eigener Bezugsrahmen zur Bestimmung von Produktberatungsqualität entwickelt. Aus diesem Rahmen heraus werden auf theoretisch deduktivem Weg Teilqualitäten aufgedeckt und Vermutungen über den Zusammenhang zwischen diesen Teilqualitäten und der globalen Produktberatungsqualität aufgestellt.[1] Diese Zusammenhänge werden sowohl aus bestehenden Theorien und Modellen als auch bisherigen empirischen Erkenntnissen abgeleitet (nomologische und ad-hoc Hypothesen).[2] Hierfür wird auf ökonomische sowie sozial- und verhaltenswissenschaftliche Theorieansätze zurückgegriffen, wodurch diese Arbeit der Leitidee des komplementären, theoretischen Pluralismus folgt.[3]

In **Teil D** soll das Konstrukt der Produktberatungsqualität der empirischen Messung zugänglich gemacht werden (Operationalisierung). Darauf aufbauend erfolgt die Entwicklung eines vollständigen Kausalmodells. Die empirische Schätzung ermöglicht es, die abgeleiteten Vermutungen zu überprüfen. Die Untersuchung ist demnach positivistisch orientiert.[4] Im letzten Abschnitt dieses Teils werden die empirischen Befunde diskutiert und Implikationen für die Praxis abgeleitet.

---

[1] Vgl. zu dieser Vorgehensweise Homburg, C., Giering, A. (1986), S. 11ff.
[2] Vgl. Hildebrandt, L. (1999), S. 40ff.; Nitsch, J.R. (1994), S. 65ff.
[3] Vgl. zu einem Überblick über die wissenschaftstheoretische Orientierung in der Betriebswirtschaft Homburg, C. (1995), S. 53ff.; Fritz, W. (1994); Kortzfleisch, v.G. (1971), S. 10ff.
[4] Vgl. zur positivistisch orientierten Forschung Schmitz, G. (2002), S. 5.

Der abschließende **Teil E** bietet einen zusammenfassenden Überblick über die zentralen Untersuchungsergebnisse.

B Forschungsgrundlagen

1 Begriffliche Grundlagen

1.1 Begriff der Produktberatung

1.1.1 Definition und Explikation eines allgemeinen Beratungsbegriffs

Berater begegnen uns in allen Lebenslagen in Form von Vermögensberatern, Unternehmensberatern oder auch Verbraucherberatern. Aber allein die Bezeichnung Berater macht noch keine Beratung aus. So können auch Personen Berater sein, die uns aus ganz anderen Rollen bekannt sind: Der Doktorvater,[1] der beim Erstellen einer wissenschaftlichen Arbeit berät, der Metzger, der bei der Auswahl des vermeintlich „richtigen" Brotbelags behilflich ist, aber auch der Verkäufer, der bei der Auswahl des „richtigen" Produktes berät. An diesen Beispielen wird deutlich, dass Beratung uns in unterschiedlichem Kontext und bei verschieden anspruchsvollen Problemstrukturen begegnen kann. Diese beispielhaften Ausführungen legen nahe, dass Beratung ein interdisziplinär vorkommendes Phänomen ist, dem sich aus unterschiedlicher theoretischer Richtung genähert werden kann.[2] So erfolgen Begriffsbestimmungen der Beratung aus psychologischer, soziologischer und pädagogischer Blickrichtung, aber auch aus ökonomischer Sicht, insbesondere zu den Themengebieten Unternehmensberatung, Verbraucherberatung und der Verkaufsberatung, wobei auch diese Blickrichtungen häufig auf die zuerst genannten Forschungsbereiche zurückgreifen.[3]

Untersuchungen, die versuchen, dieser Begriffsvielfalt Herr zu werden, sind bestrebt, auf Basis von – zum Teil sehr umfangreichen und detaillierten – Literaturanalysen einen meta-theoretischen Beratungsbegriff zu konzipieren.[4] Ohne einen weiteren Beitrag zu solchen Ansätzen leisten zu wollen, sei hier festgehalten, dass die Diskussion um den Beratungsbegriff noch nicht abgeschlossen ist. Dies verwundert

---

[1] Es kann natürlich auch die Doktormutter sein! Aus Gründen der Kürze und der Lesbarkeit wird jedoch hier und im Folgenden auf das Anführen der weiblichen Form verzichtet.
[2] Vgl. Hackney, H., Cormier, L.S. (2001), S. 2; Blake, R.R., Moulon, J.S. (1976), S. 2.
[3] Vgl. Mohe, M., Heinecke, H.J., Pfriem, R. (2002); Kröber, H.-W. (1991), S. 1ff.; Brunner, E.J., Schönig, W. (1990a), S. 152; Dietrich, G. (1983), S. 1ff.; George, R.L., Cristiani, T.S. (1981), S. 4; Burks, H.M., Stefflre, B. (1979); Hruschka, E. (1969), S. 14.
[4] Vgl. Chur, D. (1997), S. 41f.; Kröber, H.-W. (1991), S. 1ff.; Hruschka, E. (1969), S. 14ff. und die dort angegebene Literatur.

umso mehr, als in allen Beiträgen Übereinstimmung über die wesentlichen Eigenheiten einer Beratung zu herrschen scheint. Demnach lässt sich folgender Beratungsbegriff extrahieren, der den weiteren Ausführungen *dieser* Arbeit zugrunde liegen wird:[1]

*Beratung ist eine **zielgerichtete, kompetenzfördernde Unterstützung**, die ein Berater einem Ratsuchenden **mittels Interaktion** zur Lösung eines **vom Ratsuchenden aufgezeigten Problems** zukommen lässt.*

Ein **Problem** liegt immer dann vor, wenn ein Individuum „sich in einem inneren oder äußeren Zustand befindet, den es aus irgendwelchen Gründen nicht für wünschenswert hält, aber im Moment nicht über die Mittel verfügt, um den unerwünschten Zustand in den wünschenswerten Zielzustand zu überführen".[2] Die Existenz einer Barriere, die ein Überführen des Ausgangszustandes in den erwünschten Zielzustand verhindert, grenzt den Problembegriff vom Begriff der **Aufgabe** ab. Das Lösen einer Aufgabe ist dem Individuum unmittelbar möglich. Beispielsweise stellt das Ermitteln des erzielten Gewinns bei Bekanntheit von Preis, Absatzmenge und fixer sowie variabler Kosten für einen Betriebswirt wohl kein Problem dar, für einen Fachfremden hingegen schon. Ein Problem stellt für den Problemlöser eine Situation dar, mit deren Lösung er nicht vertraut ist.[3]

Die Tatsache, dass das Problem **vom Ratsuchenden** an den Berater herangetragen wird, impliziert, dass der Ratsuchende sich zuvor mit seiner Ausgangslage kognitiv auseinandergesetzt hat, um das Problem überhaupt als solches zu erkennen und motiviert ist, sich diesem zu widmen.[4] Er muss also sowohl das kognitive Potential hierfür haben als auch den Willen, das Problem zu lösen.

Zielgerichtete, kompetenzfördernde Unterstützung meint hierbei, dass ein Berater versucht, die Problemlösungskompetenz des Ratsuchenden in Hinblick auf

---

[1] Vgl. hierzu und im Folgenden Schwan, K., Seipel, K.G. (2002), S. 9ff.; Chur, D. (1997), S.41f.; Brunner, J., Schönig, W. (1990), S. 153; Kuhlmann, E. (1990), S. 312; Hoffmann, V. (1985), S. 31; Scherhorn, G. (1985), S. 48; Dietrich, G. (1983), S. 2; George, R.L., Cristiani, T.S. (1981), S. 4f.; Steffire, B., Burks, H.M. (1979), S. 11f.
[2] Dörner, D. (1976), S. 10; ähnlich Otto, H. (1999), S. 56f.; Newell, A., Simon, H. (1972), S. 72.
[3] Vgl. Hussey, W. (1998), S. 84; Stäudel, T. (1987), S. 10; Dörner, D. (1976), S. 10f.
[4] Vgl. Arbinger, R. (1997), S. 5f.; Dietrich, G. (1983), S. 5ff.

sein spezifisches Problem zu erweitern. Das bedeutet, der Berater löst das Problem nicht *für* sondern *mit* dem Ratsuchenden: Er leistet Hilfe zur Selbsthilfe.[1] Die Lösung des Problems bleibt dadurch in den Händen des Ratsuchenden, der somit auch die Verantwortung für die Konsequenzen der gewählten Lösung trägt. Gleichzeitig geht damit einher, dass der Berater über entsprechende Informationen zur Lösung des Problems sowie die Fähigkeit und den Willen, diese Informationen dem Ratsuchenden zu vermitteln, verfügen muss. Es herrscht demnach – zumindest zu Beginn der Beratung – eine asymmetrische Informationsverteilung zwischen Berater und Ratsuchendem.

Das Vermitteln der Informationen zur Problemlösung findet in der **Interaktion** zwischen Ratsuchendem und Berater statt. Der Begriff der Interaktion ist vor allem im Hinblick auf die Abgrenzung zum Kommunikationsbegriff in der Literatur umstritten.[2] Hier wird unter Interaktion der Prozess wechselseitiger Einwirkung durch verbale und/ oder nonverbale Kommunikation zweier oder mehrerer Personen verstanden.[3] **Kommunikation** ist demnach ein Bestandteil der Interaktion und beinhaltet das Übermitteln von Botschaften. Diese Botschaften enthalten zum einen Sachinhalte und zum anderen Bedeutungsinhalte, die den Empfänger darauf hinweisen, wie Sachinhalte zu interpretieren sind.[4] Diese Bedeutungsinhalte prägen auch die interaktionale Beziehung zwischen den Interaktionspartnern.[5] WATZLAWIK, BEAVIN und JACKSON trennen daher zwischen Inhalts- und Beziehungsaspekt einer Kommunikation.[6] So bezieht sich die Frage des Ehemanns „Soll *ich* heute Abend fahren?" zunächst einmal inhaltlich auf die Handlung „Autofahren". Sie kann aber von der Ehefrau in vielfacher Hinsicht interpretiert werden: Der Gatte ist höflich und möchte ihr das lästige Fahren abnehmen; oder: er möchte ihr den neuen Wagen nicht anvertrauen; oder: er spekuliert darauf, dass sie, wenn er hinfährt, zurückfährt.

---

[1] Vgl. Ban, van den A.W., Wehland, W.H. (1984), S. 10.
[2] Vgl. hierzu Kroeber-Riel, W., Weinberg, P. (2003), S. 498; Nerdinger, F.W. (2001), S. 158ff.; Bruhn, M. (1997b), S. 655; Engels, A., Timaeus, E. (1983), S. 345f.; Schoch, R. (1969), S. 94 und die dort angegebene Literatur.
[3] Vgl. hierzu und im Folgenden Watzlawick, P., Beavin, J.H., Jackson, D.D. (2000), S. 51; Fließ, S. (1999), S. 512.
[4] Vgl. Watzlawick, P., Beavin, J.H., Jackson, D.D. (2000), S. 50f.; Bruhn, M. (1997b), S. 1; Engels, A., Timaeus, E. (1983), S. 345f.; Schoch, R. (1969), S. 94.
[5] Fließ, S. (1999), S. 513.
[6] Vgl. Watzlawick, P., Beavin, J.H., Jackson, D.D. (2000), S. 56.

Wie die Ehefrau die obige Frage interpretiert, hängt von Gestik, Mimik, Tonfall usw. ab, die die Frage begleiten, sowie den Erfahrungen der Ehefrau mit der Interpretation dieser nonverbalen Zeichen.

1.1.2 Definition und Explikation des Begriffs der Produktberatung

Der Begriff der Produktberatung findet sich vor allem in Arbeiten zum persönlichen Verkauf, aber auch in Untersuchungen zur Verbraucherberatung wieder. Leider blieb dabei der Beratungsbegriff bisher nur unzureichend bestimmt. Bei einem Großteil der Arbeiten wird – obwohl teilweise die Beratung den Mittelpunkt der Ausführungen bildet – der Begriff überhaupt nicht präzisiert.[1] Dies hat häufig zur Folge, dass unklar bleibt, ob es sich bei der Produktberatung um eine Teilaufgabe des persönlichen Verkaufs handelt oder um einen Verkaufsstil. In der englischsprachigen Literatur liegen keine expliziten Ausführungen zum Begriff der Produktberatung vor. In diesen Arbeiten wird von vornherein von problemlösungsorientiertem Verkauf gesprochen, wodurch klargestellt wird, dass hiermit ein *Verkaufsstil* gemeint ist.[2]

Um im Folgenden ein klares Bild der Produktberatung zeichnen und diese von anderen Funktionen des persönlichen Verkaufs abgrenzen zu können, wird – unter Berücksichtigung des oben erarbeiteten allgemeinen Beratungsbegriffs – hier folgendes unter dem Begriff Produktberatung verstanden:

*Produktberatung ist die Unterstützung, die ein Verkäufer einem Kunden[3] mittels Interaktion zur **Lösung** eines **vom Kunden aufgezeigten Kaufentscheidungsproblems** zukommen lässt, welches sich aus der **Wahl einer Produktalternative aus einer Menge vergleichbarer Alternativen** ergibt.*

Die **Wahl einer Produktalternative aus einer Gruppe vergleichbarer Alternativen** soll im Weiteren als Kaufentscheidung bezeichnet werden. Damit wird zunächst nur

---

[1] Vgl. zu einem solchen Vorgehen Müller-Hagedorn, L. (2002), S. 331ff.; Haas, A. (2002), S. 8; Haas, A. (2001), S. 89ff.; Müller-Hagedorn, L. (1999), S. 30ff.; Brandt, F. (1998); Bruhn, M. (1997a), S. 50; Hansen, U. (1990), S. 287ff.; Schwalbe, H., Zander, E. (1987); Beier, U. (1984); Beier, U. (1977).

[2] Vgl. Weitz, B.A., Bradford, K.D. (1999), S. 242ff.; Marks, R.B. (1997), S. 155f.; DeCormier, R.A., Jobber, D. (1993), 39ff.; Pederson, C.A., Wright, M.D., Weitz, B.A. (1988), S. 8.

[3] Der Begriff Kunde soll im Rahmen dieser Arbeit auch verwendet werden, wenn es zu keiner Transaktion oder Geschäftsbeziehung kommt. Er wird synonym zum Begriff des potentiellen Kunden verwendet.

1 Begriffliche Grundlagen

die Willensbildung betrachtet, eine bestimmte Produktalternative zu kaufen; der Kauf an sich – im Sinne der Durchführung eines Vorhabens – spielt für die weiteren Ausführungen eine untergeordnete Rolle.[1] Dies bedeutet auch, dass hier davon ausgegangen wird, dass Produktberatung *vor* dem Kaufakt stattfindet. Weiterhin werden der Kaufentscheidung im Sinne der Alternativenwahl vorgelagerte Allokationsentscheidungen des Käufers ausgeschlossen. Zum Beispiel ist das Unterstützen des Kunden bei dessen Entscheidung unter Berücksichtigung seines Haushaltseinkommens, überhaupt einen Kauf in einer gewissen Produktklasse zu tätigen, *nicht* Gegenstand der Produktberatung. Darüber hinaus werden hier nicht – zumindest nicht explizit – Kaufentscheidungen von Gruppen betrachtet. Ein **Kaufentscheidungsproblem** liegt dann vor, wenn ein Kunde sich (temporär) nicht für eine der Alternativen entscheiden kann bzw. will, somit eine Barriere existiert, die das Auswählen einer Produktalternative verhindert.

Die Tatsache, dass der Kunde – ob nun unaufgefordert oder auf Nachfragen des Verkäufers – das Vorhandensein eines **Kaufentscheidungsproblems aufzeigt**, setzt voraus, dass dieser sich mit der Kaufentscheidung mehr oder weniger stark auseinander gesetzt hat. Dabei ist es unwichtig, ob der Kunde bereits *vor* dem Gespräch mit dem Verkäufer eine Barriere wahrgenommen hat, oder erst durch den Verkäufer auf das Vorhandensein einer solchen Barriere hingewiesen wird.[2] Der Kunde muss sich aber aktiv dieser Barriere stellen wollen und dies auch signalisieren, was ein gewisses Maß an kognitiver Aktivität verlangt. Daher werden im Folgenden auch nur Kaufentscheidungen mit mehr oder weniger starker kognitiver Kontrolle betrachtet.[3] Dies entspricht den so genannten **echten Kaufentscheidungen** in der Typologisierung von KATONA, der diese von **gewohnheitsmäßigen Kaufentscheidungen** abgrenzt.[4] Entscheidungspsychologisch wird der

---

[1] Vgl. Berndt, H. (1983), S. 19; McIntyre, S.H. (1982), S. 19; Kirsch, W. (1977a), S. 71ff.
[2] Vgl. Brunner, E.J., Schönig, W. (1990), S. 153.
[3] Vgl. Kuß, A. (1987), S. 26f.
[4] Neben diesen beiden Entscheidungstypen nennt Katona auch noch impulsive Kaufentscheidungen, die er als Ergebnisse eines Augenblickschlusses ansieht. Vgl. Katona, G. (1962), S. 195f.

Prozess solcher echten Kaufentscheidungen auch dem Problemlösungsverhalten zugeordnet.[1]

Das **Lösen** eines Kaufentscheidungsproblems ist hier nicht in dem Sinne gemeint, dass der Konsument überhaupt in die Lage versetzt wird, eine Kaufentscheidung zu treffen, da das Problem immer durch die Wahl *einer beliebigen* Produktalternative gelöst werden könnte. Vielmehr ist in diesem Zusammenhang das Treffen einer *guten* Kaufentscheidung gemeint. Dabei kann die Güte einer Kaufentscheidung nicht nur an objektiven Kriterien gemessen werden. Sie hängt von den individuellen Zielen und Anspruchniveaus ab, welchen unterstellt werden muss, dass sie intersubjektiv variieren.[2]

Um zielgerichtet zu beraten, d.h. ausgerichtet auf das Lösen des individuellen Kaufentscheidungsproblems, benötigt der Verkäufer Informationen über die Art des Problems des Kunden. Nur so ist er in der Lage, dem Kunden die geeigneten Informationen zur Lösung des Problems zu vermitteln. Dieser Informationsaustausch findet in der Interaktion zwischen Verkäufer und Kunde statt, die hier als Beratungsgespräch bezeichnet wird.[3]

1.1.3 Produktberatung im Kontext des persönlichen Verkaufs im stationären Facheinzelhandel

Als persönlicher Verkauf wird in der Literatur zumeist die persönliche Interaktion („face-to-face") zwischen einem Verkäufer und einem Kunden bezeichnet, wobei das Ziel, einen Verkaufsabschluss zu erreichen, als konstituierendes Element hinzugezogen wird.[4] Ein solcher Verkaufsabschluss muss allerdings nicht unmittelbar an das Gespräch erfolgen, sondern kann auch in unbestimmter Zukunft liegen.[5] An die Stelle des Ziels „Verkaufsabschluss" treten dann Zwischenziele, deren Erfüllung einen Kaufabschluss des Kunden in der Zukunft wahrscheinlicher werden lassen und

---

[1] Vgl. Schulz, R. (1972), S. 30; Katona, G. (1962), S. 195.
[2] Vgl. Schoppenhoven, I. (1996), S. 51; Kuß, A. (1987), S. 164f.
[3] Vgl. Schoenheit, I. (1985), S. 15.
[4] Vgl. Nerdinger, F.W. (2001), S. 5; Weis, H.C. (2000), S. 23; Bänsch, A. (1998), S. 3; Meffert, H. (1986), S. 482; Schoch, R. (1969), S. 3.
[5] Vgl. Nerdinger, F.W. (2001), S. 5.

1 Begriffliche Grundlagen

die beobachtbar sind.[1] Agiert ein Verkäufer beispielsweise im Interesse des Kunden, kann es durchaus sein, dass kein Verkaufsabschluss zu Stande kommt, weil auf Konkurrenzprodukte verwiesen wird, die eher den Bedürfnissen und Interessen des Kunden gerecht werden. Das Zwischenziel wäre dann die Zufriedenheit des Kunden mit dem Verkaufsgespräch, die zukünftige Verkaufsabschlüsse mit diesem Kunden wahrscheinlicher werden lassen. So betonen PEDERSON, WRIGHT und WEITZ diese langfristige Sichtweise und sehen den persönlichen Verkauf als „ *... the process whereby the seller ascertains, activates, and satisfies the needs or wants of the buyer to the mutual, continuous benefit of both the buyer and the seller"*.[2]

Dem obigen Begriffsverständnis folgend, kann jeglicher persönliche Kontakt zwischen einem Nachfrager und einem Anbieter leicht als persönlicher Verkauf interpretiert werden. Um den Begriff des persönlichen Verkaufs weiter zu differenzieren, wird daher in der Literatur auf die Aufgaben verwiesen, die ein Verkäufer zu erfüllen hat.[3] Diese Aufgaben variieren in Abhängigkeit von den jeweiligen Kunden, den angebotenen Leistungen und der konkreten Verkaufssituation. Dennoch können nach HILL und RIESER folgende Aufgaben identifiziert werden:[4]

- Erlangen von Kundenaufträgen (Kontaktaufnahme, Offertenabgabe, Auftragseinholung),

- Informationsgewinnung (Sammeln von Kundendaten, Ermitteln des Kundenbedarfs),

- Verkaufsunterstützung (Beratung, Instruktion, Warenpräsentation),

- Einstellungs- und Imagebildung (Kontakt- und Verhandlungsstil, Informationsverhalten) und

- logistische Funktionen (Warenverteilung, Lagerhaltung usw.).

---

[1] Vgl. Homburg, C., Schäfer, H., Schneider, J. (2002), S. 143ff.; Kramer, J. (1993), S. 112ff.
[2] Vgl. Perderson, C.A., Wrigth, M.D., Weitz, B.A. (1988), S. 8.
[3] Vgl. Nerdinger, F. W. (2001), S. 5f; Meffert, H. (1986), S. 482; Hill, W. (1971), S. 179ff.
[4] Vgl. Hill, W., Rieser, I. (1990), S. 421.

Kritisch anzumerken ist zunächst, dass die Aufgaben dieses Katalogs nicht trennscharf sind. So ist ja gerade das Erlangen von Kundenaufträgen ein konstitutives Merkmal des persönlichen Verkaufs, wodurch die anderen Aufgabenfelder zu diesem Feld lediglich in einem Mittel-Zweck-Verhältnis stehen können. Darüber hinaus basiert dieser Katalog nicht auf einer Verkaufstheorie oder wurde aus einem zuvor definierten Verkaufsbegriff abgeleitet, sondern stellt lediglich eine plausibilitätsgestützte Sammlung von Aufgaben dar. So passt z.B. die Warenverteilung zwar zum Aufgabenfeld des Berufbilds „Verkäufer", lässt sich aber nicht der Begriffsbestimmung zum persönlichen Verkauf entnehmen. Dennoch soll versucht werden, die Produktberatung, wie sie hier verstanden wird, in diesen Katalog einzuordnen.

Die Beratung wird von HILL, RIESER explizit der Verkaufsunterstützung zugeordnet.[1] Problematisch wird diese Zuordnung, wenn die Beratung dazu führt, dass dem Kunden vom Kauf einer Produktalternative der betrachteten Produktklasse abgeraten wird, oder aber auf eine Alternative verwiesen wird, die der Verkäufer nicht zur Verfügung stellen kann, weil er sie selber nicht führt. In einem solchen Fall kann die Produktberatung nur als verkaufsunterstützend gelten, wenn unterstellt wird, dass Beratungszufriedenheit einen positiven Einfluss auf den Wunsch hat, erneut bei diesem Handelsunternehmen zu kaufen. HAAS konnte in diesem Zusammenhang feststellen, dass Beratungszufriedenheit einen positiven Einfluss auf das Empfehlungsverhalten der Kunden hat, also durchaus auf zukünftige Verkaufsabschlüsse – sogar über den bedienten Kunden hinaus – einen Einfluss hat.[2] Zieht man das Empfehlungsverhalten darüber hinaus als Indikator für die Einstellung zu dem Handelsunternehmen heran, so scheint die Produktberatung auch die Funktion der Einstellungsbildung zu übernehmen.[3] Des Weiteren stellte HAAS in derselben Studie fest, dass Beratungszufriedenheit einen hohen positiven Einfluss auf die Kaufwahrscheinlichkeit hat. Demnach kann man die Produktberatung auch unter der Aufgabe „Erlangen von Kundenaufträgen" subsumieren. Zudem kann Produktberatung nur stattfinden, wenn der Berater Informationen über die Kaufziele und Vorlieben des Kunden erhält, welche sich natürlich auch sammeln lassen.

---

[1] Vgl. Hill, W., Rieser, I. (1990), S. 421.
[2] Vgl. Haas, A. (2001), S. 10f.
[3] Vgl. zu einer ähnlichen Folgerung Homburg, C., Werner, H. (2000), S. 919f.

1 Begriffliche Grundlagen

Die obigen Ausführungen legen nahe, dass – zumindest im stationären Einzelhandel – der Begriff der Produktberatung nur schwer vom Begriff des Verkaufs zu trennen ist. Einzig logistische Funktionen, wie das Bestücken von Regalen, lassen sich mit dem Beratungsbegriff nicht vereinen. Allerdings lassen sich diese Aufgaben auch nicht aus dem Verkaufsbegriff ableiten. Unterscheiden lassen sich beide Begriffe demnach nur durch das Ziel des Verkaufsabschlusses. Da dieses aber auch langfristig gesehen werden kann, *sind Produktberatung und Verkauf im stationären Einzelhandel empirisch nicht mehr zu unterscheiden.* Vielmehr scheint die Produktberatung eine besondere Haltung des Verkäufers beim Verkauf auszudrücken.

Dem kann entgegengehalten werden, dass sich Verkäufer nicht zwingend an den Bedürfnissen und Interessen der Kunden orientieren müssen und dass bei Verfolgen der eigenen bzw. der Ziele des Anbieters keine Beratung nach dem vorliegenden Begriffsverständnis vorliegt, da der Verkäufer nicht an der Lösung des Kaufentscheidungsproblems interessiert ist, sondern nur nach einem Verkaufsabschluss strebt. Ein solches Verhalten basiert auf dem Ausnutzen von Informationsasymmetrien seitens des Verkäufers. Dieses Verhalten wird der Verkäufer möglichst für den Kunden intransparent halten. So nimmt der Kunde auch ein solches Verkaufsgespräch als Beratungsgespräch wahr.

1.1.4 Der Dienstleistungscharakter der Produktberatung

Aufgrund des innovativen Charakters dieser Arbeit ist die Frage zu klären, inwieweit auf bestehende Forschungsergebnisse zurückgegriffen werden kann. Insbesondere Arbeiten zur Dienstleistungsqualität scheinen vor diesem Hintergrund eine viel versprechende Grundlage zu bilden. Um zu klären, inwieweit Ergebnisse dieser Forschungsrichtung für den vorliegenden Fall herangezogen werden können, wird im Folgenden geklärt, ob die Produktberatung eine **Dienstleistung** des stationären Einzelhandels darstellt. Ausgangspunkt dieser Überlegungen bildet das Explizieren des Dienstleistungsbegriffs:

In der Literatur existieren eine Vielzahl von Definitionen des Dienstleistungsbegriffs, deren Zweck das Abgrenzen von Sachleistungen ist. Aufgrund vielfältiger Erscheinungsformen von Dienstleistungen sind enumerative Definitionsansätze dabei zum Scheitern verurteilt, weshalb sich Definitionen auf Basis konstitutiver Merkmale etabliert haben.[1] Die hierunter fallenden definitorischen Ansätze können, in Anlehnung an die Phasen einer Leistung, in potential-, prozess- und ergebnisorientierte Definitionen unterschieden werden.[2] Dabei können – und sollten – diese Ansätze aber nicht als sich gegenseitig ausschließende Alternativen gesehen werden. Vielmehr lassen sich diese Ansätze über die Verknüpfung mit den Phasen der Dienstleistungstransaktion (Vorkontaktphase, Kontaktphase, Nachkontaktphase) zu einer Sichtweise integrieren (vgl. Abbildung 1).

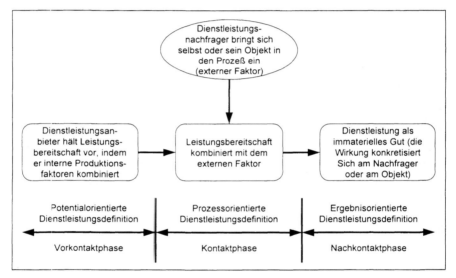

Abbildung 1: Integrative Sichtweise des Dienstleistungsbegriffs (in Anlehnung an: CORSTEN, H. (2001); S. 26f.)

Aus dieser Sichtweise heraus lassen sich aus den einzelnen Phasen der Leistungserstellung folgende konstitutive Merkmale der Dienstleistung ableiten:[3]

1) Immaterialität bzw. Intangibilität der angebotenen Leistung,

---

[1] Vgl. Homburg, C., Krohmer, H. (2003), S. 809; Corsten, H. (2001), S. 21; Schuckel, M. (1998), S. 16; Hentschel, B. (1992), S. 9; Hansen, U. (1990), S. 156.

[2] Vgl. hierzu und zum Folgenden Corsten, H. (2001), S. 21ff.; Schmitz, G. (1997), S. 10; Hentschel, B. (1992), S. 19ff.; Hansen, U. (1990), S. 156 und die dort angegebene Literatur.

[3] Vgl. Schmitz, G. (1997), S. 10f und die dort angegebenen Literatur.

1 Begriffliche Grundlagen

2) Simultanität von Produktion und Absatz (uno-actu-Prinzip)[1] und

3) Integration eines externen Faktors.

Der Dienstleistungscharakter der Produktberatung wird anhand dieser Merkmale untersucht:

Zu 1) Sowohl das Erstellen als auch das Ergebnis der Produktberatung muss als **immateriell** angesehen werden: Die Produktberatung bewirkt am Kunden keine stofflichen Veränderungen. Darüber hinaus ist das Beratungsergebnis auch schwer zu definieren, zu beschreiben bzw. geistig zu erfassen, denn im Idealfall verhilft die Beratung dem Kunden dazu, ein Entscheidungsproblem zu lösen bzw. eine bessere Entscheidung zu treffen. Dieser „Kompetenzgewinn" ist „nicht anfassbar", weswegen das Produktberatungsergebnis auch als **intangibel** bezeichnet werden kann.

Zu 2) Die Produktberatung erfordert den persönlichen Kontakt von Verkäufer und Käufer, weswegen der Prozess des Beratens und des Beratenwerdens **simultan** stattfinden muss. Demnach unterliegt auch die Produktberatung dem uno-actu-Prinzip.

Zu 3) Die Produktberatung ist darauf ausgerichtet, Kunden bei Kaufentscheidungsproblemen zu helfen. Diese Probleme sind beim Kunden „verankert".[2] So ist es unumgänglich, dass sich der Kunde mit seiner konkreten Problemlage als **externer Faktor** in den Beratungsprozess einbringt.

Somit lässt sich die Produktberatung eindeutig als Dienstleistung bestimmen, wie die vorangegangenen Ausführungen zeigen.

1.2 Explikation und Definition des Begriffs der Produktberatungsqualität

1.2.1 Explikation des Qualitätsbegriffs

Ebenso wie beim Dienstleistungsbegriff zeigt sich beim Qualitätsbegriff eine große Vielfalt von Begriffsverständnissen. Dabei legt das Deutsche Institut für Normung

---

[1] Vgl. hierzu auch Berekoven, L. (1983), S. 23.
[2] Vgl. Nerdinger, F. (1994), S. 60.

e.V. (DIN) mit DIN 55350 ein Begriffsverständnis vor, dass als kleinster gemeinsamer Nenner aller Abgrenzungsversuche zu bezeichnen ist:

„Qualität ist die Beschaffenheit einer Einheit bezüglich ihrer Eignung, festgelegte oder vorausgesetzte Erfordernisse zu erfüllen." [1]

Damit verbunden sind Vorstellungen über den wissenschaftlichen Qualitätsbegriff, die teilweise von dem umgangssprachlichen Begriffsverständnis divergieren: Zunächst ist Qualität **neutral**. Entgegen der umgangssprachlichen positiven Besetzung existiert somit also auch eine schlechte Qualität.[2] Damit geht einher, dass Qualität nicht entweder vorhanden oder nicht vorhanden ist, sondern eine **kontinuierliche Größe** darstellt. Darüber hinaus ist Qualität nichts „an sich Seiendes", sondern bedarf immer der Bewertung anhand geeigneter Bewertungskriterien. Qualität ist somit ein Vergleichs- bzw. Beziehungsbegriff.[3] Auf dieser Grundlage haben sich unterschiedliche Begriffsverständnisse entwickelt, die sich anhand ihrer jeweiligen Bezugsgrößen unterscheiden lassen.[4] Dabei lassen sich die unterschiedlichen Verständnisse auf die Unterscheidung eines objektiven und eines subjektiven Qualitätsbegriffs reduzieren:

a) **Objektiver Qualitätsbegriff**: Qualität ergibt sich aus der Menge und/ oder dem Niveau vorhandener Eigenschaften einer Leistung.[5] Bei diesem Begriffsverständnis wird Qualität anhand objektiver Produkteigenschaften gemessen. Qualität ergibt sich aus dem Abweichen bzw. dem Erfüllen von vorgegebenen Leistungseigenschaften und deren Ausprägungen.

b) **Subjektiver Qualitätsbegriff**: Qualität wird als der Grad der Eignung verstanden, Erwartungen von Kunden zu erfüllen. Das Qualitätsniveau einer Leistung ergibt sich somit aus dem Vergleich der individuellen Erwartungen an diese Leistung und der individuellen Wahrnehmung. Der Erwartungsbegriff wird in der Lern-,

---

[1] DIN 55350 - Teil 11, S. 3, Nr. 5.
[2] Vgl. hierzu und im Folgenden Hentschel, B. (2000), S. 292.
[3] Vgl. Corsten, H. (2001), S. 293.
[4] Vgl. Garvin, D.A. (1988), S. 40f.; Für eine Aufzählung und Diskussion der Qualtitätsbegriffe vgl. Bruhn, M. (2000), S. 25f.; Bruhn, M. (1997), S. 25ff.; Hentschel, B. (1992), S. 37ff.; Stauss, B., Hentschel, B. (1991), S. 239f.
[5] Vgl. Bruhn, M. (1997), S. 25.

1 Begriffliche Grundlagen

Rollen- und Entscheidungstheorie häufig herangezogen, ohne dass ein einheitliches Begriffsverständnis besteht.[1] Als Substrat der dabei zum Zuge kommenden, unterschiedlichen Begriffsauffassungen kann die Erwartung eines Individuums als „psychologischer Zustand, der sich auf zukünftige Verhaltenskonsequenzen für das Individuum bezieht", definiert werden.[2] Aufgrund dieses wenig konkreten Begriffsverständnisses wird der Begriff in der Literatur unterschiedlich interpretiert. Grundsätzlich lassen sich prädiktive von normativen Erwartungen unterscheiden.[3] Prädiktive Erwartungen bringen zum Ausdruck, welches Leistungsniveau der Kunde bei einer Leistung voraussieht bzw. erwartet.[4] Normative Erwartungen hingegen spiegeln Anforderungen des Kunden an ein Leistungsniveau wider. Dabei variieren diese Forderungen von einem nicht zu überbietendem Leistungsniveau[5] über ein wünschenswertes Leistungsniveau, einem angemessenen Leistungsniveau[6] bis zu einem minimal tolerierbaren Leistungsniveau.[7] Allerdings ist der Nutzen solcher detaillierten Erwartungskonzeptionen zum derzeitigen Stand der Forschung als eher gering einzustufen: Es ist nicht geklärt, welche Erwartungsalternativen von welchen Personen in welchen Situationen warum herangezogen werden.[8] Aus diesem Grund soll im Folgenden auf die Verwendung eines solchen detaillierten Erwartungskatalogs verzichtet werden. Festzuhalten bleibt, dass ein subjektives Qualitätsverständnis interindividuell schwanken kann.[9]

Die Anwendbarkeit dieser beiden Qualitätsauffassungen für die Produktberatung wird im folgenden Abschnitt geklärt.

---

[1] Vgl. Schmitz, G. (2002), S. 43.
[2] Vgl. Schmitz, G. (2002), S. 43; Bruhn, M., Georgi, D. (2000), S. 187; vgl. auch Raij, van W.F. (1991), S. 401f.
[3] Vgl. Bruhn, M., Georgi, D. (2000), S. 187; Ngobo, P.V. (1997), S. 63f.
[4] Vgl. hierzu und im Folgenden Georgi, D. (2001), S. 96 und die dort angegebene Literatur, sowie Stauss, B. (1999), S. 6f.
[5] Vgl. Miller, J. (1977) S. 76.
[6] Vgl. Zeithaml, V.A., Bitner, M.J. (1996), S. 77ff.
[7] Vgl. Miller, J. (1977) S. 76.
[8] Vgl. Schmitz, G. (2002), S. 43, sowie die dort angegebene Literatur.
[9] Vgl. Stauss, B., Hentschel, B. (1991), S. 238.

1.2.2 Definition des Begriffs Produktberatungsqualität

Das hier zugrunde zu legende Qualitätsverständnis muss den Besonderheiten der und dem Forschungsstand der Produktberatung gerecht werden. Hierfür scheint ein subjektives Qualitätsverständnis aus folgenden Gründen am besten geeignet:

Beim **objektiven Qualitätsverständnis** wird Qualität anhand objektiver Kriterien gemessen. Dieses wirft insbesondere bei interaktionsorientierten Dienstleistungen Probleme auf, da sich die zu erbringenden Leistungsbestandteile – zumindest teilweise – einer objektiven Messung entziehen:[1] In der Interaktion ist der Bediente nämlich Teil der Leistungserstellung und somit zugleich Nutzer, Mitarbeiter und Ressource der Dienstleistungserstellung.[2] Darüber hinaus sollten die anzulegenden Sollmaßstäbe dem im Marketing anerkannten Paradigma der Kundenorientierung folgen.[3] Denn das Einhalten von objektiven Sollmaßstäben macht nur Sinn, wenn diese aus Kundensicht zu beurteilungsrelevanten Kriterien führen. Ein solches Vorgehen in der Qualitätsmessung kann also nur dann empfohlen werden, wenn diese aus Kundensicht beurteilungsrelevanten Kriterien bekannt sind und sich daraus objektive Leistungsspezifika ableiten lassen. Da dies für die Produktberatung noch nicht der Fall ist, erscheint ein objektives Qualitätsverständnis ungeeignet.

Daher ist für die vorliegende Untersuchung ein **subjektives Qualitätsverständnis** zielführender. So scheint das Verständnis des Zustandekommens der erlebten Produktberatungsqualität unerlässlich für das Konzipieren einer solchen Leistung und auch für ein Qualitätsmanagement. Unter Produktberatungsqualität wird daher folgendes verstanden:

Produktberatungsqualität ist das Ausmaß, mit dem eine Beratungsleistung den Erwartungen eines Kunden an die Produktberatung entspricht.

Dieses Begriffsverständnis der Produktberatungsqualität liegt den folgenden Ausführungen zugrunde.

---

[1] Vgl. Klaus, P. (1991), S. 256f.
[2] Vgl. Klaus, P.G. (1984), S. 470.
[3] Vgl. Corsten, H. (2001), S. 293; Meffert, H. (1999), S. 10; Hentschel, B. (1992), S. 38.

2 Kaufentscheidungsprobleme als Ausgangspunkt der Produktberatung

2.1 Struktur und Arten von Entscheidungsproblemen

Um das Phänomen des Kaufentscheidungsproblems besser zu verstehen und darauf aufbauend den Informationsbedarf in der Produktberatung abzuleiten, bietet es sich an, zunächst zu verstehen, wie Entscheidungen getroffen werden oder – was im Kontext dieser Arbeit vorrangig interessiert – was dazu führen kann, dass eine Entscheidung zu einem Problem wird. Bei einer Entscheidung bewertet ein Entscheider eine Handlungsalternative und wählt sie dann anhand der Erwünschtheit der Gesamtheit ihrer Konsequenzen aus. Aus struktureller Sicht ergibt sich daraus folgende Grundstruktur einer Entscheidungssituation:[1]

- Ziele,

- Handlungsalternativen und

- Konsequenzen (der Handlungen).

VON NITZSCH berücksichtigt bei der Modellierung darüber hinaus explizit Umweltzustände, die die Wahl einer Alternative beeinflussen und Auswirkungen auf die Konsequenzen einer Entscheidung haben. Auch wenn dies sicherlich einen entscheidenden Beitrag zum Verständnis einer Entscheidung liefert, können und sollen im hier vorliegenden Kontext Umweltzustände, die bei der Wahl einer Alternative auftreten können, nicht explizit in die Betrachtungen eingebunden werden: Sie beeinflussen „lediglich" die Art oder Ausprägung der Konsequenzen. Während dies für den einzelnen Entscheider zwar eine wichtige Komponente darstellt, ist es für ein grundsätzliches Verständnis von Entscheidungen zunächst von untergeordneter Bedeutung.

In der Entscheidungstheorie werden die Begriffe Entscheidung und Problemlösung zumeist synonym verwendet.[2] Dem soll hier nicht gefolgt werden, da nicht jede Entscheidung zum Lösen eines Problems nach dem hier eingeführten Begriffs-

---

[1] Vgl. Nitzsch, R. von (2002), S. 85; Borcherding, K. (1983), S. 71.
[2] Vgl. Jungermann, H., Pfister, H.-R., Fischer, K. (1998), S. 9; Dinkelbach, W. (1993), S. 929ff.; Kirsch, W. (1977a), 70ff.

verständnis getroffen wird. So werden in der Realität häufig Entscheidungen habituell, impulsiv oder zufällig getroffen.[1] Beispielsweise wird über die Reihenfolge beim Anziehen der Schuhe (rechter vs. linker Schuh) eher zufällig entschieden, während das Abstellen nach dem Ausziehen der Schuhe wohl eher eine habituelle Entscheidung darstellt. Diese Entscheidungen sind – wie unschwer nachzuvollziehen ist – nicht als Lösen von Problemen zu verstehen, sondern vielmehr als das Bewältigen einer Aufgabe. Bei diesen Entscheidungen fehlt eine Barriere, die das Finden einer schnellen Lösung verhindert bzw. wurde eine solche Barriere zuvor abgebaut. Andererseits führt nicht jedes Problem auch zu einer Entscheidung im entscheidungstheoretischen Sinn: So stellt ein auf dem Tisch liegendes, unerreichbares Stück Schokolade für ein kleines Kind, das dieses Stück haben möchte, zwar ein Problem dar, aber es muss sich nicht zwangsläufig entscheiden: Es fehlen die Handlungsalternativen, die das Erreichen der Schokolade ermöglichen würden. Allerdings wird sich im weiteren Problemlösungsprozess wieder eine Entscheidungssituation einstellen, nämlich dann, wenn es überlegt, ob es über den Stuhl oder die Heizung auf den Tisch klettern soll. So kann festgehalten werden, dass Probleme, die auf unterschiedlichem Wege gelöst werden können, auch die Notwendigkeit nach sich ziehen, Entscheidungen zu treffen.[2]

Aus obigem Beispiel lässt sich bereits erahnen, dass unterschiedliche Arten von Problemen existieren. So liefert das in Kapitel B1.1.1 vorgestellte Begriffsverständnis zwar einen Rahmen für weitere Überlegungen, lässt dabei aber soviel Spielraum, dass sich eine weitere Untersuchung von Problemen auf einem sehr hohen Abstraktionsniveau bewegen würde. Für die weiteren Überlegungen erscheint es somit notwendig, solche unterschiedlichen **Problemarten** zu identifizieren.

Je nach Untersuchungsziel und Abgrenzungskriterium ergeben sich unterschiedliche Möglichkeiten Probleme zu kategorisieren. Der im deutschsprachigen Raum wohl bekannteste Ansatz ist der von DÖRNER.[3] Er kategorisiert Probleme nach der Art ihrer

---

[1] Vgl. Jungermann, H., Pfister, H.-R., Fischer, K. (1998), S. 17; Kuß, A. (1987), S. 8; Huber, O. (1982), S. 9.
[2] Vgl. Kuß, A. (1987), S. 6ff; Lindsay, P.H., Norman, D.A. (1981), S. 425.
[3] Vgl. Arbinger, R. (1997), S. 9

2 Kaufentscheidungsprobleme als Ausgangspunkt der Produktberatung

Barriere (Vgl. Abbildung 2).[1] Die Bezeichnung der Problemtypen erfolgt gemäß der Art, wie die entsprechende Barriere überwunden werden kann. Als Abgrenzungskriterium zieht er zum einen die Kenntnisse bzgl. der Handlungsalternativen und zum anderen die Kenntnisse bzgl. der Ziele des Problemlösers heran.

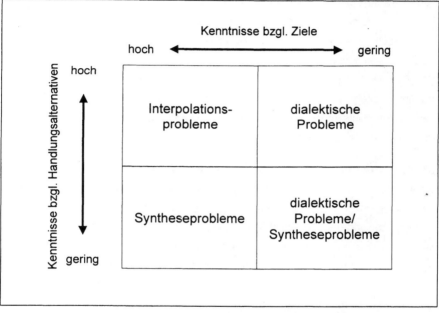

Abbildung 2: Problemkategorien (in Anlehnung an: DÖRNER, D. (1976), S. 14)

Interpolationsprobleme zeichnen sich dadurch aus, dass eine sehr große Anzahl von Handlungsmöglichkeiten existiert, aus denen die „richtige" Alternative oder Kombination bzw. Folge von Alternativen auszuwählen ist, um die dem Entscheider bekannten Ziele zu erreichen. Das Problem besteht nun darin, alle Alternativen auf ihre Eignung zur Zielerreichung zu bewerten, die Zielwirkung zu interpolieren. Diese Art von Problem zeichnet sich dadurch aus, dass zwar ein hohes prinzipielles Wissen bzgl. der Handlungsalternativen besteht, die Alternativen aber bzgl. des Zielerreichungspotentials nicht vollständig bewertet werden können. DÖRNER betrachtet Konsequenzen von Handlungen nicht explizit. Da er aber davon ausgeht, dass die

---

[1] Vgl. hierzu und im Folgenden Dörner, D. (1976), S. 11ff.

Handlungsalternativen auf ihr Zielerreichungspotential überprüft werden müssen, um ein Problem zu lösen, bezieht dies implizit die Kenntnis über Konsequenzen mit ein. Ebenso bezieht DÖRNER Unsicherheiten bzgl. des Eintretens von Konsequenzen nicht explizit in seine Überlegungen mit ein. Aber auch wenn die Konsequenzen einer Handlungsalternative mit Unsicherheit behaftet sind, wie es bei der Mehrzahl von Entscheidungen sein wird, bleibt das Problem bei Bekanntheit aller Handlungsalternativen dennoch ein Interpolationsproblem. So kann ein Problem immer noch „lediglich" durch das Auswählen von Handlungen gelöst werden; es wird jedoch ungleich schwieriger, da einzelne Handlungen nun nicht nur auf ihre Eignung zur Zielerreichung überprüft werden müssen, sondern auch noch die Wahrscheinlichkeiten, mit denen die Konsequenzen eintreten, zu schätzen sind. Dies führt dazu, dass auch schon bei einer kleinen Anzahl von Handlungsalternativen eine Interpolation schwierig wird.

Bei **Syntheseproblemen** sind relevante Handlungsalternativen (noch) nicht bekannt. Diese müssen zunächst synthetisiert, also erzeugt bzw. gefunden werden. Wird dabei lediglich eine einzige Handlungsmöglichkeit generiert, steht der Entscheider vor einer besonderen Art von Entscheidung. Er muss sich dann entscheiden, ob er den Status Quo beibehalten möchte – und somit das Problem schlicht ungelöst lässt – oder handelt. Beispielhaft für ein solches Problem ist die Situation, dass man einen Nagel in die Wand schlagen möchte, um ein Bild aufzuhängen, aber nur einen Nagel und keinen Hammer zur Verfügung hat. So muss in diesem Fall nach alternativen Lösungsmöglichkeiten gesucht werden, wie z.B. den Briefbeschwerer als Hammerersatz einzusetzen. Werden mehrere Handlungsalternativen generiert, kann dies wiederum zu einem Interpolationsproblem führen. Umgekehrt kann sich ein Entscheidungsproblem welches von einer Interpolationsbarriere geprägt ist, auch in ein Syntheseproblem wandeln: Gelangt ein Entscheider zu der Ansicht, dass die zur Verfügung stehenden Alternativen nicht hinreichend zur Zielerreichung beitragen, muss er neue Handlungsmöglichkeiten synthetisieren.

Sind mögliche Handlungsalternativen bekannt, aber die Ziele nicht eindeutig bestimmt, so spricht DÖRNER von **dialektischen Problemen**. Diese Barriere kann nur überwunden werden, wenn die Ziele klar definiert werden, da ansonsten Handlungsalternativen nicht bewertet werden können und es zu keiner Entscheidung kommen kann.[1] Solche Probleme werden meist in einem dialektischen Prozess gelöst: Beispielsweise stellt die Entscheidung über einen einzuschlagenden Berufsweg ein Problem da, wenn als Ziel lediglich feststeht, dass „Karriere" gemacht werden soll. Hier wird der Entscheider versuchen, einzelne Zielzustände auf äußere und/ oder innere Widersprüche zu überprüfen. So mag ein BWL-Student mit Schwerpunkt Marketing z.B. das Ziel „Controller" in Betracht ziehen, es aber wieder verwerfen, da er feststellt, dass er dafür nur mangelhaft qualifiziert ist. Demnach wird er einen anderen konkreten Berufswunsch in Betracht ziehen, wiederum überprüfen usw.

Sind weder die Ziele noch die Handlungsmöglichkeiten bekannt, ergibt sich laut DÖRNER keine eigene Problemart, sondern es liegt in einem solchen Fall eine Kombination von dialektischem und Syntheseproblem vor. So schließen sich die Barrieretypen auch nicht gegenseitig aus, sondern können durchaus gemeinsam bei Entscheidungsproblemen auftreten. Dann kommt es darauf an, welcher Barrieretyp das Problem dominiert.

Das Unterscheiden einzelner Problemarten anhand der Art und Weise, mit der gewisse Barrieren überwunden werden können, verdeutlicht unmittelbar, dass unterschiedliche Probleme unterschiedliche Lösungsmethoden bedingen. Dies hat Konsequenzen für die Beratung im Allgemeinen, aber auch für die Produktberatung im Besonderen: Möchte der Berater dem Ratsuchenden individuell zielführende Lösungsmöglichkeiten anbieten, muss er die jeweilige Problemart des Konsumenten berücksichtigen. In wieweit DÖRNERS Konzept auf Kaufentscheidungen übertragbar ist, sei im Folgenden geklärt.

2.2 Ausgewählte Erkenntnisse der Kaufentscheidungsforschung

2.2.1 Kaufentscheidungsprozesse als Informationsverarbeitung

Bevor die oben gewonnenen Erkenntnisse über Entscheidungsprobleme auf Kaufentscheidungen übertragen werden können, liegt es nahe, zunächst auf die Kaufentscheidung selbst näher einzugehen. In der Kaufentscheidungsforschung gilt es als etabliert, Kaufentscheidungsprozesse als Informationsverarbeitungsprozesse dar-

---

[1] Vgl. Huber, O. (1982), S. 37.

zustellen.¹ Dieser Umstand ist im Rahmen dieser Arbeit besonders von Bedeutung, da das Problemlösen in der Produktberatung durch Informationsaustausch stattfindet.² Die oben eingeführte Unterscheidung von Problemarten setzt an unterschiedlichen Kenntnisobjekten an, weshalb zu klären ist, welche Kenntnisse ein Konsument zum Treffen einer Kaufentscheidung benötigt und wie sich diese differenzieren lassen. Eine theoretische Basis für derartige Überlegungen bietet die means end-Theorie. So wird im Folgenden zunächst – nach dem Bestimmen des Informationsbegriffs – die means end-Theorie herangezogen, um zu klären, welche Informationen für eine Kaufentscheidung benötigt werden, und dann kurz auf das Informationsverhalten im Kaufentscheidungsprozess einzugehen.

2.2.1.1 Definition und Explikation des Informationsbegriff

Den Informationsbegriff zu spezifizieren ist ein nicht einfaches Unterfangen: Bis heute existiert kein allgemein anerkannter Informationsbegriff.³ Dies lässt sich darauf zurückführen, dass der Informationsbegriff in fast allen wissenschaftlichen Ausrichtungen Verwendung findet und dort in Abhängigkeit des jeweiligen Untersuchungsziels unterschiedlich ausgelegt wird. WITTMANN definiert **Informationen** als zweckorientiertes **Wissen**, das der Handlungsvorbereitung dient.⁴ Dies würde aber bedeuten, dass von einem Sender gezielt kommunizierte Informationen, die von einem Empfänger nicht gewollt aufgenommen werden, für diesen auch keine Informationen darstellen.⁵ Aber gerade in der persönlichen Interaktion wird Wissen, das zur Interpretation des Sachwissens einer Botschaft dienlich ist, nicht zwingend bewusst und daher auch nicht gewollt aufgenommen. Ein solcher Informationsbegriff ist für die vorliegende Arbeit daher nicht sinnvoll.

Um nicht einen weiteren Beitrag zur Definitionsvielfalt des Informationsbegriffs zu leisten, soll im weiteren Verlauf der Arbeit die Definition BODE'S herangezogen

---

¹ Vgl. Kuß, A., Silberer, G. (2001), S. 651.
² Vgl. Kap. B1.1.2.
³ Vgl. hierzu und im Folgenden Pikkemaat, B. (2002), S. 1; Bode, J. (1997), S. 451ff.; Raffée, H. (1969), S. 7ff. und die dort angegebene Literatur.
⁴ Vgl. Wittmann, W. (1959), S. 14.
⁵ Vgl. zu einer kritischen Auseinandersetzung mit dem Informationsbegriff nach WITTMANN Bode, J. (1997), S. 455ff.

werden, die eine Weiterentwicklung des Informationsbegriffs WITTMANN's darstellt.[1] Auch er greift auf den Wissensbegriff zurück, den er als „jede Form der Repräsentation von Teilen der realen oder gedachten Welt in einem materiellen Trägermedium"[2] definiert. Da Wissen nur ein Abbild von Ausschnitten der realen Welt ist, muss es mit diesen nicht identisch sein. Es steht allerdings in Beziehung mit der Welt, wodurch es eine Bedeutung bekommt (semantische Dimension). Darüber hinaus wird Wissen immer durch ein materielles Medium getragen, wobei sich ein Buch ebenso wie das menschliche Gehirn als Trägermedium qualifizieren.

Informationen sind nun jene „Wissensbestandteile, die in Form menschlicher Sprache repräsentiert sind"[3]. Auf Basis dieser Definition wird Wissen also dann zur Information, wenn es zwischen Menschen übermittelt werden kann und zwar mittels natürlicher, künstlicher, non-verbaler und/ oder verbaler Sprache. Damit wird der Informationsbegriff an *menschliches* Verhalten gebunden, was für die weitere Betrachtung allerdings keine Einschränkung bedeutet.

2.2.1.2   Means end-Theorie

Um zu analysieren, welche *Arten* von Informationen der Kunde vom Verkäufer zu erhalten erhofft, müssen Überlegungen bzgl. des für die Produktbeurteilung benötigten Wissens und dessen Struktur „in den Köpfen" der Kunden[4] angestellt werden: Wenn ein Kunde die Kaufentscheidung im Hinblick auf das Befriedigen seiner Bedürfnisse, also seiner persönlichen Ziele, trifft, so erscheint es plausibel, dass er das Wissen um seine Ziele mit dem Wissen um Produktalternativen in Beziehung zueinander setzt. Er bewertet also Produktalternativen in Bezug auf seine persönlichen Ziele.[5] Auf einer solchen – in der Konsumentenforschung weit

---

[1] Vgl. hierzu und im Folgenden Bode, J. (1997), S. 458.
[2] Bode, J. (1997), S. 458.
[3] Bode, J. (1997), S. 459.
[4] Da die folgenden Ausführungen sich allgemein auf Konsumentenverhalten beziehen, soll im Folgenden statt des Begriffs Kunde der Begriff Konsument benutzt werden. Wenn sich Ausführungen indes wiederum direkt auf die Produktberatung beziehen, soll wieder auf den Kundenbegriff zurückgegriffen werden.
[5] Vgl. Bettman, J.R., Luce, M.F., Payne, J.W. (1998), S. 192; ter Hofstede, E., Andenaert, A., Steenkamp, J.-B.E.M. u.a. (1998), S. 37f.; Rosenberg, M.J. (1956), S. 367ff.

verbreiteten – Betrachtungsweise basiert die Ziel-Mittel-Betrachtung bzw. die **means end-Theorie**.[1]

Dieser Theorie folgend, kann ein Konsument über drei Arten von Produktwissen verfügen: Wissen über **Produktattributausprägungen**, Wissen über **Konsumfolgen** bzw. über den direkten Produktnutzen und Wissen darüber, welche persönlichen (Lebens-)**Ziele** durch den Konsum eines Produktes erfüllt werden.[2] Dieses Wissen – sofern vorhanden – verbindet der Konsument im Sinne einer Zielhierarchie, d.h. er verbindet Produkteigenschaftsausprägungen mit Konsumkonsequenzen und diese wiederum mit übergeordneten Zielen.[3] Auf diese Weise stellt der Konsument eine gedankliche Verbindung zwischen sich selbst und einem Produkt bzw. einer Produktklasse her.[4] Abgebildet werden kann ein solches Wissen mithilfe einer **means end chain** (vgl. Abbildung 3).

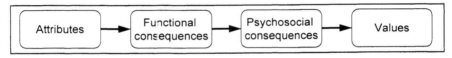

Abbildung 3: Kettenglieder der means end chain (Quelle: Peter, J.P., Olson, J.C. (2001), S. 74)

Häufig werden der means end chain vier „Kettenglieder" zugeschrieben.[5] In einem solchen Fall werden Konsumfolgen in funktionale und psychosoziale Folgen unterteilt. Hierbei stellen funktionale Konsequenzen tangible Folgen dar, die sich direkt aus dem Ge- bzw. Verbrauch der Leistung ergeben, während psychosoziale Konsequenzen sich auf die psychologischen und sozialen Konsequenzen des Produktgebrauchs beziehen.[6] So kann bspw. das Telefonieren mit dem Handy in einem Restaurant die funktionale Konsequenzen des Informationsaustauschs mit dem Gesprächspartner haben, aber auch als psychosoziale Konsequenz die gesellschaftliche Wichtigkeit des Telefonierenden betonen (zumindest aus dessen Sicht-

---

[1] Vgl. Kroeber-Riel, W., Weinberg, P. (2003), S. 144; Olson, J.C., Reynolds, T.J. (2001), S. 9 ff.; Gutsche, J. (1995), S. 35 ff.; Olson, J.C. (1988), S. 3ff.
[2] Vgl. Peter, J.P., Olson, J.C. (2001), S. 73ff.
[3] Vgl. Hofstede, F., Audenaert, A., Steenkamp, J.-B.E.M. u.a. (1998), S. 37.
[4] Vgl. Pieters, R., Baumgartner, H., Allen, D. (1995), S. 230; Walker, B.A., Olson, J. (1991), S. 111ff.
[5] Vgl. Olson, J.C., Reynolds, T.J. (2001), S. 14.
[6] Vgl. Peter, J.P., Olson, J.C. (2001), S. 76.

weise). An diesem Beispiel lässt sich auch ein Kritikpunkt an dieser Unterteilung der Konsequenzen zeigen: Die gesellschaftliche Wichtigkeit kann in diesem Fall eine psychosoziale Konsequenz, aber ebenso auch ein persönliches (Lebens-)Ziel sein: Psychosoziale Konsequenzen und persönliche Ziele sind somit nicht trennscharf voneinander zu unterscheiden.[1] Auch PETER und OLSON sehen dieses Problem und lösen es, indem sie sich auf den Standpunkt stellen: „Fortunately marketers don't have to worry about making such fine distinctions when using the means end chain model to develop marketing strategies."[2] Auch wenn generell die Sinnhaftigkeit einer begrifflichen Unterscheidung angezweifelt werden kann, die weder theoretisch noch empirisch zwei Sachverhalte trennen kann, so soll dieser Aussage in dieser Arbeit gefolgt werden. Es macht nämlich keinen Sinn, zwischen psychosozialen Konsequenzen und persönlichen Lebenszielen zu trennen, da sie aus Sicht des Verkäufers zu nahe beieinander liegen, als dass dieser solche Zielsetzungen voneinander trennen könnte. Aus diesem Grund werden im Folgenden psychosoziale Konsequenzen und persönliche Lebensziele ebenso wie die funktionalen Konsequenzen unter dem Begriff **Konsumziele** zusammengefasst. Dies lässt sich vor allem aufgrund der hier angestrebten Abstraktionsebene der Untersuchung rechtfertigen. So wäre ein Unterscheiden dieser sicherlich unterschiedlichen Desiderata nur sinnvoll, wenn deren Einfluss auf das Qualitätserleben des Konsumenten überprüft werden kann. Dies ist in dieser Arbeit weder angestrebt noch notwendig.

Beispielhaft sei hier eine means end chain für die Produktklasse Digitalkamera ausgeführt: Ein Konsument erhofft sich mehr Spaß im Leben. Da er versucht dieses Ziel durch sein Hobby „Fotografie" zu erreichen und sein alter Fotoapparat keinen nennenswerten Beitrag mehr zur Zielerreichung leistet, verspürt er den Bedarf nach einer neuen Kamera. Er verspricht sich aufgrund bestimmter erstrebenswerter Konsequenzen sein persönliches Ziel (Spaß im Leben) zu erreichen. Solche Konsumziele können dabei zum einen auf das Erreichen einer positiven Konsequenz gerichtet sein („Ich möchte eine Digitalkamera, weil ich meine Bilder direkt auf dem Computer bearbeiten möchte.") oder aber helfen, negative Konsequenzen zu vermeiden („Ich möchte eine Digitalkamera, damit ich nicht immer alle Bilder erst

---

[1] Vgl. Grunert, K.G., Grunert, S.C. (1995), S. 217f.
[2] Peter, J.P., Olson, J.C. (2001), S. 81.

entwickeln lassen muss, um sie zu betrachten."). Die persönliche Relevanz einzelner Konsumziele und somit ihre Wichtigkeit wird von der Konsumentscheidung übergeordneten Zielen beeinflusst. Die Wichtigkeit einzelner Produkteigenschaftsausprägungen (Eigenschaftsinteresse) wird wiederum durch die angestrebten Konsumziele beeinflusst, nämlich entsprechend dem vermuteten bzw. wahrgenommenen Einfluss der Produktattribute auf die erwünschten Konsumziele.

Means end chains stellen somit eine einfache Form eines **assoziativen Netzwerks** dar.[1] So wird davon ausgegangen, dass Wissensstrukturen im Langzeitgedächtnis in Form assoziativer Netzwerke gespeichert werden.[2] Aus einer solchen Betrachtungsweise heraus lassen sich die einzelnen Informationen bzw. Wissenseinheiten als **Knoten** vorstellen, die untereinander mit Kanten verbunden sind. Die **Kanten** stellen unterschiedliche Arten von Assoziationen dar, z.B. dass ein bestimmtes Produktattribut zu einem bestimmten Gebrauchsnutzen führt, oder dass ein bestimmter Gebrauchsnutzen zur Erfüllung bestimmter persönlicher Ziele führt.[3] Die means end-Theorie erklärt also Kanten mit der Bedeutung „wird für ... gebraucht" oder „führt zu...". Dies stellt aber nur einen Teil des Wissens dar, das der Kunde für eine Kaufentscheidung benötigt. Darüber hinaus benötigt er noch Wissen darüber, welchen Produktalternativen welche Eigenschaften bzw. Eigenschaftsausprägungen zuzuordnen sind. Die Produktalternativen können dabei wiederum Produktklassen zugeordnet werden.[4] Ebenso ist es denkbar, dass einer bestimmten Produktklasse bestimmte Eigenschaften bzw. Eigenschaftsausprägungen *direkt* zugeordnet werden.[5]

2.2.1.3 Informationsarten

Aus dieser Betrachtungsweise von Konsumentenwissen ergibt sich, dass unterschiedliche Wissensarten existieren, die der Konsument zur Kaufentscheidung

---

[1] Vgl. Peter, J.P., Olson, J.C. (2001), S. 79; Grunert, K.G., Grunert, S.C. (1995), S. 214.
[2] Vgl. hierzu und im Folgenden Siemer, S. (1999), S. 111ff.; Grunert, K.G. (1982), 33ff. und die dort angegebene Literatur. Das menschliche Gedächtnis wird nach dem so genannten Drei-Speicher-Modell in sensorisches Speicher, Kurzzeitgedächtnis (Arbeitsspeicher) und Langzeitgedächtnis (Langzeitspeicher) unterteilt. Vgl. Steffenhagen, H. (1996), S. 43, sowie für eine kritische Diskussion des Drei-Speicher-Modells Siemer, S. (1999), S. 93ff.
[3] Vgl. Olson, J.C. (1988), S. 10.
[4] Vgl. Grunert, K.G. (1982), S. 58.
[5] Vgl. Peter, J.P., Olson, J.C. (2001), S. 82f.

heranzieht und die durchaus Parallelen zu dem beim Problemlösen vorhandenen Wissen aufweisen, mit dem DÖRNER Problemarten kategorisiert: Der Konsument muss zum einen Wissen bzgl. seiner Kaufziele aufbauen – die hierfür benötigten Informationen sollen im Folgenden **Zielinformationen** genannt werden. Er benötigt dieses Wissen, da eine Bewertung von Angebotsalternativen sonst nicht möglich ist. Diese Informationen umfassen die Zielart, deren Ausprägung und deren Bedeutung.[1]

Darüber hinaus benötigt der Konsument Wissen über das Vorhandensein von Angebotsalternativen. Die hierfür notwendig aufzunehmenden Informationen werden im Folgenden **Existenzinformationen** genannt.[2] Sie geben „lediglich" Auskunft über die Existenz von Angebotsalternativen. Über die Beschaffenheit der Alternativen geben **Eigenschaftsinformationen** Auskunft.[3] In der Realität werden allerdings Existenz- und Eigenschaftsinformationen zumindest teilweise simultan aufgenommen. Würde der Konsument nur über die Existenz einer Alternative etwas wissen, könnte er keine Verknüpfung zu dieser Alternative im assoziativen Netzwerk zu anderen Knoten herstellen: Das Wissen um diese Alternative wäre isoliert. Es muss zumindest die Zuordnung zu einer Produktklasse gewährleistet werden. Aus diesem Grund und aufgrund der Tatsache, dass diese Informationen, falls sie nicht vorliegen, gesucht werden können bzw. müssen, werden Existenz- und Eigenschaftsinformationen unter dem Begriff **Suchinformationen** zusammengefasst.

Diese Informationen transformiert der Konsument in **Entscheidungsinformationen**. Im Sinne der means end-Theorie stellen Entscheidungsinformationen einen Zusammenhang zwischen Such- und Zielinformationen her. Sie ermöglichen Konsumenten abzuschätzen, inwiefern Angebotsalternativen und ihre Charakteristika in der Lage sind, Kaufziele zu erfüllen.

---

[1] Letzteres trifft nur für Ziele zu, die nicht am Ende der Mittel-Zweck Hierarchie stehen. Da ein Konsument in einer Produktberatung nur äußerst selten seine elementaren Lebensziele darlegt, sollen diese im Folgenden vernachlässigt werden.
[2] RAFFÉE bezeichnet diese Informationen als Suchinformtionen. Vgl. hierzu und im Folgenden Raffée, H. (1969), S. 76.
[3] Bei RAFFÉE als Dateninformationen bezeichnet.

2.2.2 Kaufentscheidungsprozesse

Um Kaufentscheidungsprobleme nicht nur kategorisieren, sondern auch näher charakterisieren zu können, ist es notwendig, das Kaufentscheidungsverhalten von Konsumenten näher zu betrachten. In der Literatur existieren hierfür eine Vielzahl von Ansätzen zur Modellierung. Einige versuchen dabei, das Kaufentscheidungsverhalten in seiner Ganzheit in **Totalmodellen** zu erfassen, andere beschreiben nur einen Teilbereich in **Partialmodellen**.[1] Naturgemäß sind Totalmodelle dabei auf einem höheren Abstraktionsniveau angesiedelt. Unabhängig vom Betrachtungsausschnitt lassen sich die Modelle nach ihrem Erklärungsansatz in **Strukturmodelle** und **stochastische Modelle** unterscheiden.[2] Dabei versuchen Strukturmodelle die Vorgänge abzubilden, die sich im Inneren von Konsumenten abspielen. Sie entspringen damit dem neobehavioristischen Ansatz, der davon ausgeht, dass die Reaktion auf einen Stimulus von intervenierenden Größen des Organismus beeinflusst wird (S-O-R-Paradigma), und wollen eben diese intervenierenden Größen und deren Zusammenspiel erklären.[3] Stochastische Modelle hingegen folgen dem behavioristischen Ansatz (S-R-Paradigma) und versuchen einen direkten Zusammenhang zwischen Stimulus und Reaktion abzubilden. Einflüsse intervenierender Größen werden als Zufallsvariablen erfasst.[4] Stochastische Modelle verfolgen somit keine explanativen Ziele. Daher sollen im Folgenden hauptsächlich Strukturmodelle herangezogen werden. Dadurch wird es möglich, theoretisch deduktiv Probleme bei der Kaufentscheidung aufzudecken und daraus Erwartungen bzgl. einer Produktberatung herzuleiten.

Einen Rahmen für derartige Überlegungen bilden **totale Strukturmodelle**. Die größte Verbreitung haben hier systemische Ansätze. In solchen Modellen werden einzelne Prozesselemente (Strukturen) des Kaufentscheidungsprozesses in

---

[1] Vgl. Kroeber-Riel, W., Weinberg, P. (2003), S. 373; Bänsch, A. (1998b), S. 5; Topritzhofer, E. (1974), S. 10.
[2] Vgl. Kroeber-Riel, W., Weinberg, P. (2003), S. 373f.; Topritzhofer, E. (1974), S. 15.
[3] Vgl. Kroeber-Riel, W., Weinberg, P. (2003), S. 30; Wiswede, G. (2000), S. 55; Topritzhofer, E. (1974), S. 15f.
[4] Vgl. Topritzhofer, E. (1974), S. 39f.

Beziehung zueinander gesetzt (System).[1] Solche Modelle greifen häufig auf einen idealtypischen Phasenablauf der Kaufentscheidung zurück, um die einzelnen Strukturelemente zu ordnen und auch in Beziehung zueinander zu setzen und werden daher auch häufig als **Prozess- oder Phasenmodelle** bezeichnet (Vgl. Abbildung 4).[2] Die Anzahl und Bezeichnung identifizierter Phasen variieren dabei zwischen einzelnen Autoren und hängen mitunter von der jeweiligen Forschungsintention ab.[3] Im vorliegenden Kontext interessieren lediglich Phasen, die zeitlich **vor** dem Kauf stattfinden: Bedarfserkenntnis, Informationssuche, Alternativenbewertung und Auswahl einer Angebotsalternative.[4] Um ein größeres Verständnis über mögliche Quellen des Beratungsbedarfs zu erlangen, sollen im Folgenden diese Phasen näher betrachtet werden.

---

[1] Entscheidungsnetzansätze sind unter anderem nicht so weit verbreitet, da sie Kaufentscheidungsverhalten lediglich auf individueller Ebene erklären können. Vgl. hierzu Bettman, J.R. (1979), S. 229ff.; Topritzhofer, E. (1974), S. 25 ff.
[2] Vgl. Kroeber-Riel, W., Weinberg, P. (2003), S. 374; Kuhlmann, E. (1978), S. 3.
[3] Vgl. zu unterschiedlichen Phasenkonzepten bspw. Kroeber-Riel, W., Weinberg, P. (2003), S. 374; Blackwell, R.D., Miniard, P.W., Engel, J.F. (2001), S. 71; Schiffmann, L.G., Kanuk, L.L. (2000), S. 443; Peter, J.P., Olson, J.C. (1994), S. 158; Kuß, A. (1987), S. 39; Howard, J.A., Sheth, J.N. (1969), S. 30.
[4] Produktberatung findet per Definition vor dem Kaufakt statt (vgl. Kap. B1.1.2).

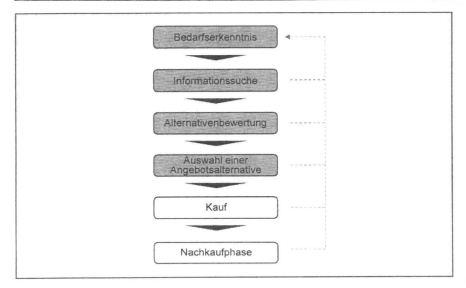

Abbildung 4: Phasen des Kaufentscheidungsprozesses

Kaufentscheidungsprozesse – zumindest solche mit kognitiver Kontrolle – werden stets von einer **Bedarfserkenntnis** initiiert.[1] In der Marketingliteratur lassen sich überraschend wenige Ansätze finden, die sich mit dem Phänomen des Bedarfs befassen. So wird der Begriff häufig inhaltlich nicht näher präzisiert. Darüber hinaus wird ein solches Unterfangen auch durch die begriffliche Nähe zu Begriffen wie „Motive" oder „Ziele" erschwert, was dazu führt, dass diese häufig synonym verwendet werden.[2] Ähnlich verhält es sich in der englischsprachigen Literatur mit den Begriffen „consumer problem", „need" und „values".[3]

Bedarfe sollen hier als aktivierende, kognitive Antriebskräfte bezeichnet werden, die auf ein konkretes Wirtschaftsgut ausgerichtet sind.[4] Mit anderen Worten stellen Bedarfe die Motivation dar, bestimmte Konsumziele bzgl. eines Wirtschaftsobjektes

---

[1] Vgl. Blackwell, R.D., Miniard, P.W., Engel, J.F. (2001), S. 71.; Schiffman, L.G., Kanuk, L.L. (2000), S. 444.

[2] Vgl. zu unterschiedlichen Begriffsbelegungen z.B. Kroeber-Riel, W., Weinberg, P. (2003), S. 141ff.; Trommsdorff, V. (2003), S. 114; Nieschlag, R., Dichtl, E., Hörschgen, H. (2002), S. 640.

[3] Vgl. hierzu bspw. Blackwell, R.D., Miniard, P.W., Engel, J.F. (2001), S. 99ff.; Peter, J.P., Olson, J.C. (1994), S. 158ff.; Hansen, F. (1972), S. 346ff.

[4] Vgl. Schuchert-Güler, P. (2000), S. 25; Nieschlag, R., Dichtl, E., Hörschgen, H. (2002), S. 640.

zu erreichen. Sie entstehen aus dem Verlangen heraus, **Bedürfnisse** zu befriedigen.[1] Bedürfnisse sind empfundene Mangelzustände, die es zu beseitigen gilt, die aber noch nicht auf ein spezifisches Objekt bezogen sind.[2] Bedarfe können sich sowohl auf einem sehr konkreten als auch einem sehr abstrakten Niveau äußern.[3] So ist beispielsweise der Bedarf, der entsteht, weil eine soeben kaputt gegangene Glühbirne durch eine gleichartige (OSRAM, R14, 40 Watt) zu ersetzen ist, ein sehr konkreter Bedarf, der sich bereits auf Produkteigenschaftsausprägungen bezieht. Dagegen ist der Bedarf, einen Laptop zu erstehen, weil man mobil arbeiten möchte, eher abstrakt und auf die Folgen des Gebrauchs eines Laptops bezogen.

Um Möglichkeiten zur Bedarfsdeckung zu finden, begibt sich der Konsument auf die **Informationssuche**. Hierunter soll das motivierte Aktivieren von im Gedächtnis gespeichertem (internem) Wissen und/ oder die Suche und Aufnahme externer, also umweltbezogener, Informationen verstanden werden.[4] Zunächst wird ein Konsument versuchen, auf Basis internen Wissens seine Kaufentscheidung zu stützen.[5] Erst wenn er das zur Verfügung stehende Wissen zur Entscheidungsfindung als nicht ausreichend empfindet, werden externe Informationsquellen hinzugezogen. Erwähnt werden muss, dass im vorliegenden Kontext lediglich das Informationssuchverhalten *vor* der Kaufentscheidung von Interesse ist. Informationen werden allerdings auch nach der Kaufentscheidung aufgenommen, etwa um die Entscheidung nachträglich zu rechtfertigen oder auch zum Vergnügen.[6]

Bei der **Alternativenbewertung** beurteilt der Konsument die Alternativen bezüglich ihres Bedarfsdeckungspotentials.[7] Ziel dieser Bewertung ist es, eine innere Rangordnung von Produkten und somit den Grad subjektiver Vorziehenswürdigkeit zu ermitteln, die auch als **Präferenz** bezeichnet wird.[8] Der Prozess der Präferenzbildung findet in der Regel in zwei Schritten statt: der Vorauswahl und der „eigentlichen"

---

[1] Vgl. Nieschlag, R., Dichtl, E., Hörschgen, H. (2002), S. 640.
[2] Vgl. Balderjahn, I. (1995), Sp. 180.
[3] Vgl. Peter, J.P., Olson, J.C. (1994), S. 159.
[4] Vgl. Bettman, J.R. (1979), S. 106.
[5] Vgl. Blackwell, R.D., Miniard, P.W., Engel, J.F. (2001), S. 106.
[6] Vgl. Blackwell, R.D., Miniard, P.W., Engel, J.F. (2001), S. 107.
[7] Vgl. Peter, J.P., Olson, J.C. (1994), S. 158.
[8] Vgl. Steffenhagen, H. (2000), S. 82.

Bewertung.¹ Bei der Vorauswahl versucht der Konsument, die Menge der generell zur Auswahl stehenden Alternativen, die sich im Wahrnehmungsraum des Konsumenten befinden (awareness set), auf die für ihn relevante Menge von Produktalternativen (consideration set) zu reduzieren. Diese Vorauswahl ist durch vereinfachte, nicht-kompensatorische Entscheidungsregeln gekennzeichnet. So führt eine nicht akzeptable Eigenschaftsausprägung (unacceptable level) einer Eigenschaft zum Ausschluss der Produktalternative aus dem consideration set.² Für die im consideration set verbleibenden Alternativen werden vom Konsumenten Präferenzen gebildet. Aus diesem set wird dann die **Auswahl einer Angebotsalternative** getroffen, wobei in der Regel die am stärksten präferierte Alternative gewählt wird.³

2.3 Kaufentscheidungsprobleme

Wie oben bereits aufgezeigt, sind Entscheidungsprobleme nicht prinzipiell unlösbar. Dies trifft somit auch auf Kaufentscheidungsprobleme zu. Ein Konsument hat also immer die Möglichkeit, irgendeine Alternative zu wählen. Dennoch müssen Gründe existieren, die einen Konsumenten davon abhalten, Kaufentscheidungen rein zufällig zu treffen und die somit eine Barriere als Voraussetzung für ein Problem bilden. Eine solche Barriere wird in der Unsicherheit des Konsumenten gesehen, weswegen im Folgenden zunächst die Theorie des wahrgenommenen Risikos und der informationsökonomische Unsicherheitsbegriff aufgegriffen werden. Beide Ansätze liefern aus unterschiedlichen Blickwinkeln Erkenntnisse über Ursachen, Auswirkungen und Ansätze zur Reduktion von Unsicherheiten bei Kaufentscheidungen. Aus der Synthese der Ausführungen zu Entscheidungsproblemen, zu Kaufentscheidungen und Unsicherheiten sollen anschließend Arten von Kaufentscheidungsproblemen aufgezeigt und erläutert werden.

2.3.1 Unsicherheit als grundsätzliche Barriere bei Kaufentscheidungen

2.3.1.1 Theorie des wahrgenommenen Risikos

Die Theorie des wahrgenommenen Risikos basiert auf der Annahme, dass jede Kaufentscheidung eines Konsumenten Konsequenzen nach sich ziehen wird, die von

---

[1] Vgl. Blackwell, R.D., Miniard P.W., Engel, J.F. (2001), S. 111; Böcker, F. 1986, S. 566ff.
[2] Vgl. Schmidt, R. (1996), S. 91ff. sowie die dort angegebene Literatur.
[3] Vgl. Höser, H. (1998), S. 42F.; Schneider, C. (1997), S. 22; Schweikl, H. (1985), S. 26.

ihm nicht mit Sicherheit antizipiert werden können und von denen zumindest einige unerfreulich sein können.[1]

Diese Auffassung des Risikos unterstellt, dass das erlebte Risiko von zwei Komponenten geprägt wird: Negative Kauffolgen und die Unsicherheit, mit der diese eintreten.[2] **Negative Kauffolgen** können in diesem Zusammenhang zweierlei Formen annehmen: Zum einen können Kauffolgen eintreten, die dazu führen, dass sich die Lage des Konsumenten nach dem Kauf verschlechtert. So besteht bspw. das Risiko, dass ein zu kaufender Fisch verdorben ist und beim Verzehr zu einer Fischvergiftung führt. Solche Kauffolgen lassen sich als belastende Handlungskonsequenzen interpretieren.[3] Zum anderen können auch *„positive Kauffolgen"* befürchtet werden. Positive Kauffolgen bezeichnen Kauffolgen die nicht die Lage des Konsumenten verschlechtern, aber nicht einem erwarteten Ziel- bzw. Anspruchsniveau gerecht werden.[4] Bspw. muss obiger Fisch nicht verdorben sein, aber man könnte befürchten, dass dieser schon älter ist und somit nicht wie erhofft delikat schmeckt. Ebenso wie unterschiedliche Kaufziele für den Konsumenten eine unterschiedliche Bedeutung bzw. Wichtigkeit haben, beeinflusst auch die Bedeutung antizipierter Kauffolgen das Ausmaß des wahrgenommenen Risikos.[5] Die Wahrscheinlichkeit, mit der ein Konsument seine angestrebten Kaufziele als nicht erfüllt wähnt, wird als **Unsicherheit** bezeichnet.[6] Das Empfinden von Unsicherheit bzgl. des Nichterfüllens von Kaufzielen schafft somit ein potentielles Risiko, welches allerdings nur verhaltensrelevant wird, wenn diese Kaufziele als Entscheidungsprämissen in den Kaufentscheidungsprozess einfließen, sie also für die Kaufentscheidung relevant sind.[7] Demnach lässt sich das wahrgenommene Risiko als eine Unsicherheit auffassen, die durch die verfolgten Ziele des Konsumenten qualifiziert wird.[8] Art und

---

[1] Vgl. Bauer, R.A. (1967), S. 24.
[2] Vgl. Cunningham, S.M. (1967), 83f.
[3] Vgl. Panne, F. (1977), S. 36f.
[4] Vgl. Panne, F. (1977), S. 36f.
[5] Vgl. , G., Mazanec, J., Wiegele, O. (1976), S. 95ff.; Hansen, F. (1972), S. 439.
[6] Vgl. Panne, F. (1977), S. 38f.; Schweiger, G., Mazanec, J., Wiegele, O. (1976), S. 94f.; Cunningham, S.M. (1967), S. 83f.
[7] Vgl. zum Begriff der Entscheidungsprämisse Kirsch, W. (1977b), S. 97ff.
[8] Vgl. Panne, F. (1977), S. 40 und die dort angegebene Literatur.

Ausmaß der Verhaltenswirksamkeit einer solchen Unsicherheit in Bezug auf das Informationsverhalten sind als Kernbereich der Risikoforschung anzusehen.[1]

Überschreitet das wahrgenommene Risiko zu Beginn des Kaufentscheidungsprozesses (Initialrisiko) eine individuelle Toleranzschwelle, wird der Konsument vom Kauf absehen, oder versuchen, das Risiko zu verringern. Das wahrgenommene Risiko muss dabei nicht völlig ausgeräumt werden, sondern auf ein – aus Konsumentensicht – tolerierbares Rest- bzw. Residualrisiko reduziert werden.[2]

Zur Reduktion des Risikos bieten sich dem Konsumenten zwei Ansatzpunkte: Der Konsument kann negative empfundene Kauffolgen und/ oder die Unsicherheit über deren Eintreten zu reduzieren versuchen.[3] Negativ empfundene Kauffolgen kann der Konsument bspw. minimieren, indem er zunächst kleinere (Test-)Mengen des Produkts kauft oder das Produkt mietet.[4] Des Weiteren muss die entsprechende Leistung für eine solche Risiko-Reduktions-Strategie natürlich auch verleih- bzw. teilbar sein. Durch dieses Vorgehen bleibt das „Negative" des Kaufs zwar vorhanden, der Konsument schafft sich aber so die Möglichkeit, sich den negativen Konsequenzen leichter wieder entziehen zu können. Ein solches Verhalten erweist sich allerdings nur als adäquat, wenn die negativen Kauffolgen in einem vertretbaren Rahmen bleiben. So wird es kaum zur Risikoreduktion beitragen, eine kleinere Menge Fisch zu erstehen, wenn befürchtet wird, dass der Verzehr zu einer Fischvergiftung führt. Eine weitere Möglichkeit besteht darin, dass der Konsument sein Anspruchsniveau senkt.[5]

Aber auch das Ausräumen oder Verringern wahrgenommener Unsicherheiten ist ein Ansatz, das wahrgenommene Risiko zu reduzieren. Dies kann insbesondere durch ein geeignetes Informationsverhalten erreicht werden.[6] Hierbei lassen sich entsprechende Verhaltensformen sowohl bei der Informationsgewinnung als auch bei

---

[1] Vgl. Gerhard, A. (1995), S. 23; Rosenstiel, L. von, Ewald, G. (1979), S 100f.; Panne, F. (1977), S. 37.
[2] Vgl. Kupsch, P., Hufschmied P., Mathes, H.W. u.a. (1978), S. 92f.; Roselius, T. (1971), S. 56.
[3] Vgl. Gemünden, H.G. (1985), S. 27; Schweiger, G., Mazanec, J., Wiegele, O. (1976), S. 99.
[4] Vgl. Shoemaker, R.W., Shoaf, F.R. (1975), S. 105ff.; Roselius, T. (1971), S. 57ff.
[5] Vgl. Panne, F. (1977), S. 321.
[6] Vgl. Kroeber-Riel, W., Weinberg, P. (2003), S. 400; Gemünden, H.G. (1985), S. 27ff.; Cox, D.F. (1967), S. 604ff.

der Informationsverarbeitung vermuten.¹ Um die Unsicherheit zu verringern, kann der Konsument auf Entscheidungskriterien zurückgreifen, die seine Unsicherheit „absorbieren" können. Solche Entscheidungskriterien können sein: Markentreue, Garantien und/oder Preisorientierung.² Des Weiteren kann der Konsument seine Informationsnachfrage erhöhen. Hierbei kann er versuchen, insgesamt so viele Informationen wie möglich zu sammeln, oder aber er versucht bestimmte Informationen oder auch nur Informationen aus bestimmten Quellen zu sammeln.

2.3.1.2 Informationsökonomischer Unsicherheitsbegriff

In der Theorie des wahrgenommenen Risikos wird die Unsicherheit als psychische Variable und Determinante von Verhaltensweisen aufgefasst; dieses ist eine verhaltenswissenschaftliche Sichtweise. Das veranlasste einige Ökonomen, eine Rückkehr zu ökonomischen Theorien zu fordern.³ So bedient sich das Marketing seit einiger Zeit auch der **Neuen Institutionenökonomie**⁴, um Unsicherheitsprobleme von Transaktionspartnern, die Existenz von Informationsasymmetrien und deren Konsequenzen sowie das Ausgestalten von Verträgen zu analysieren.⁵ In dieser theoretischen Orientierung wird von der Annahme vollkommener Märkte abgerückt und Aspekten beschränkt rationalen Handelns, Unsicherheit und asymmetrisch verteilter Information eine besondere Aufmerksamkeit gewidmet. Hierbei untersucht die Informationsökonomie objektive Marktbedingungen, die zu Marktunsicherheit führen, und deren Auswirkung auf den Marktprozess.⁶ KAAS betont, dass es sich beim verhaltenswissenschaftlichen und beim informationsökonomischen Unsicher-

---

[1] Vgl. Kupsch, P., Hufschmied, P. (1977), S. 236.
[2] Vgl. Gemünden, H.G. (1985), S. 27; Kupsch, P., Hufschmied, P. (1977), S. 239.
[3] Vgl. Schneider, C. (1997), S. 71 sowie Weiber, R., Adler, J. (1995b), S. 99 und die dort angegebene Literatur.
[4] Sowohl Terminus als auch Begriff werden in der deutschsprachigen Literatur nicht einheitlich verwendet. So herrscht Unklarheit, welche Forschungsrichtungen unter diesem Begriff zu subsumieren sind. Darüber hinaus werden häufig die Termini „Neue Institutionenlehre", „Neue institutionelle Mikroökonomik" oder „Neue mikroökonomische Theorie" synonym eingesetzt. Ein differenzierteres Auseinandersetzen mit dieser Thematik ist allerdings für die vorliegende Problemstellung nicht zielführend und somit nicht sinnvoll. Der interessierte Leser sei auf Weiber, R., Adler, J. (1995a), S. 43f. oder Schneider, C. (1997), S. 71ff. und die dort angeführte Literatur verwiesen.
[5] Vgl. Weiber, R., Adler, J. (1995), S. 43. Der Informationsbegriff, wie er in der informationsökonomischen Forschung verwendet wird, beinhaltet die in dieser Arbeit definierten Begriffe Wissen und Information.
[6] Vgl. Schneider, C. (1997), S. 79.

heitsbegriff nicht um konkurrierende Konzepte handelt, sondern dass sich beide Ansätze ergänzen können.[1] So werden in dieser Arbeit auch beide Ansätze herangezogen, um fundierte Erkenntnisse bzgl. Maßnahmen seitens des Verkäufers zur Unsicherheitsreduktion zu gewinnen.

Die Informationsökonomie unterscheidet zwischen exogener und endogener Unsicherheit.[2] **Exogene Unsicherheit** oder Umweltunsicherheit bezeichnet die Unsicherheit von Marktteilnehmern über das Eintreten exogen vorgegebener Umweltereignisse, also Ereignisse, die außerhalb ihres Einflussbereichs liegen. Der Marktteilnehmer hat z. B. unvollständige Informationen über das Wetter, Rohstoffe und neue Erfindungen. Dieser Art von Unsicherheit unterliegen alle Marktteilnehmer gleichermaßen, auch wenn diese durchaus über unterschiedliche diesbezügliche Informationen verfügen können.[3]

Unter **endogener Unsicherheit** oder auch Marktunsicherheit wird die Unsicherheit über relevante Daten der anderen Marktteilnehmer verstanden.[4] Hierunter fallen die Unsicherheit über Persönlichkeitsmerkmale anderer Marktteilnehmer, aber auch Unsicherheit über deren vergangenes und/ oder zukünftiges Handeln.[5] Ursache für endogene Unsicherheit ist die „systematisch asymmetrische Informationsverteilung zwischen den Marktteilnehmern".[6] Aus diesem Umstand resultiert eine besondere Ausprägung der Marktunsicherheit: die Verhaltensunsicherheit.[7] Aufgrund der asymmetrischen Verteilung der Informationen muss ein Marktteilnehmer befürchten, dass sich der jeweilige Marktpartner opportunistisch verhält, indem er seinen Informationsvorsprung ausnutzt. Eine solche Unsicherheit ist allerdings nur dann von Belang, wenn es schwer fällt, sich Gewissheit zu verschaffen, die **Informationskosten** also hoch sind.[8] Informationskosten können in Geldopfern bestehen, die aufzubringen sind, um die entsprechenden Informationen zu beschaffen (Kataloge, Test-

---

[1] Vgl. Kaas, K.P. (1990), S. 542.
[2] Vgl. Hirshleifer, J., Riley, J. (1979), S. 1376ff.; Kaas, K.P. (1990), S. 541; Weiber, R., Adler, J. (1995a), S. 47.
[3] Vgl. Kaas, K.P. (1992), S. 886.
[4] Vgl. Kaas, K.P. (1990), S. 541.
[5] Vgl. Schneider, C. (1997), S. 75.
[6] Vgl. Schneider, C. (1997), S. 75 und die dort angegebene Literatur.
[7] Vgl. Weiber, R., Adler, J. (1995a), S. 47.
[8] Vgl. Kaas, K.P. (1990), S. 542.

zeitschriften); bei der Suche und Verarbeitung von Informationen wird physische und psychische Energie verbraucht und die Zeit, die hierfür aufgewandt wurde, steht dem Informationssuchenden nicht mehr für andere Tätigkeiten zur Verfügung.[1]

In wieweit sich die jeweiligen Marktpartner opportunistisch verhalten (können), wird durch die Art und das Ausmaß der jeweiligen Informationsasymmetrie bestimmt. Welche Formen des opportunistischen Verhaltens auftreten können, hängt davon ab, ob ein Marktpartner die Leistung seines Gegenüber beurteilen kann, zu welchem Zeitpunkt die Beurteilung stattfindet (vor bzw. nach dem Kauf) und ob die Leistung zum Zeitpunkt des Kaufes noch zu erstellen ist.[2]

Der Theorie des wahrgenommenen Risikos lässt sich entnehmen, dass Unsicherheit genau dann Barrierencharakter erhält, wenn sie durch Konsumziele qualifiziert wird. Dadurch ist die oben aufgestellte Vermutung, dass bei Kaufentscheidungen Unsicherheit als Barriere angesehen werden kann, theoretisch fundiert. In Zusammenhang mit dem informationsökonomischen Unsicherheitsbegriff lässt sich festhalten, dass eine solche Unsicherheit aus Informationsasymmetrien resultiert, also aus dem Vorhandensein oder auch Nicht-Vorhandensein von Wissen. Die von DÖRNER anhand von Kenntnissen vorgenommene Kategorisierung von Problemen kann daher auf die unsicherheitsbehafteten Kaufentscheidungsprobleme übertragen werden. Darüber hinaus wird belegt, dass Kaufentscheidungsprobleme durch Informationsaustausch gelöst werden können.

2.3.2 Arten von Kaufentscheidungsproblemen

Obige Ausführungen legen dar, welche Art von Informationen bei Kaufentscheidungen herangezogen werden und dass diese Informationen dazu geeignet sind, unsicherheitsbedingte Probleme zu lösen. Es bleibt die Frage zu klären, bei welchen Arten von Kaufentscheidungsproblemen der Kunde welche Informationen benötigt. Erst dadurch können Anhaltspunkte für eine zielführende Produktberatung geschaffen werden. Aus diesem Grund scheint es sinnvoll, in Analogie zu DÖRNER Kaufentscheidungsprobleme zu kategorisieren: Als charakterisierende Merkmale dienen in diesem Fall die in Kap. B2.2.1.3 hergeleiteten Arten von Produktwissen. Es

---

[1] Vgl. Frey, D., Kumpf, M., Raffée, H. u.a. (1976), S. 571; Kuhlmann, E. (1970), S. 95.
[2] Vgl. Spremann, K. (1990), S. 564ff.; Weiber, R., Adler, J. (1995a), S. 49f.

kommt hierbei jedoch nicht auf das objektiv vorhandene Wissen an, sondern vielmehr auf die subjektive Sicherheit, mit der das entsprechende Wissen vorliegt. Dabei kann Unsicherheit nicht nur bzgl. des Inhalts des vorhandenen Wissens bestehen, sondern auch bzgl. der „subjektiven" Vollständigkeit dieses Wissens. Vollständigkeit ist hier also nicht in einem objektiven Sinn zu verstehen, sondern in dem Sinn, dass die Informationen in einem Ausmaß vorliegen, das dem Konsumenten erlaubt, eine Kaufentscheidung innerhalb seiner individuellen Risikotoleranz zu treffen (vgl. Abbildung 5).

2 Kaufentscheidungsprobleme als Ausgangspunkt der Produktberatung

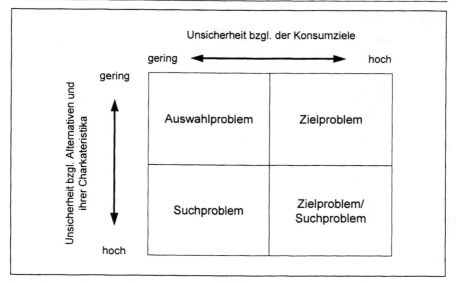

Abbildung 5: Arten von Kaufentscheidungsproblemen (I)

Herrscht beim Konsumenten Unsicherheit bezüglich seiner Konsumziele, unterliegt er einem **Zielproblem**. Beispielsweise kann er sich beim Kauf einer Digitalkamera unsicher darüber sein, ob diese Kamera besonders leicht transportierbar sein sollte. Dies entspricht einem dialektischen Problem. Besteht beim Konsumenten Unsicherheit bzgl. der Angebotsalternativen bzw. deren Charakteristika, ist er sich also unsicher bzgl. seines Existenz- und Eigenschaftswissens steht er vor einem **Suchproblem** (Syntheseproblem). So kann er sich bspw. unsicher sein, ob Digitalkamera x einen USB-Anschluss aufweist oder ob er wirklich alle Kameraalternativen kennt, die eine Bildauflösung von 5 Mio. Pixel erreichen. Meint der Konsument, sich der angestrebten Konsumziele sicher zu sein und ein hinreichend sicheres Wissen bzgl. der Angebotsalternativen und deren Charakteristika zu haben und er dennoch die Kaufentscheidung als Problem empfindet, so steht er vor einem **Auswahlproblem** (Interpolationsproblem). So kann er z. B. unsicher sein, ob Digitalkamera x eher seine Konsumziele erfüllen kann als Kamera y. Er ist sich also unsicher bzgl. der Entscheidungsinformationen. Durch obige Ausführungen wird klar, dass DÖRNER eigentlich nicht nur die Dimensionen „Kenntnisse bzgl. der Handlungsalternativen" und „Kenntnisse bzgl. der Ziele" herangezogen hat, sondern vielmehr *implizit* eine dritte Dimension „Kenntnisse bzgl. der Zielwirksamkeit von Handlungsalternativen" auf die beiden ersten Dimensionen projiziert hat, indem er dem Individuum ein

Problem unterstellt. Das *explizite* Hinzuziehen einer solchen dritten Dimension hätte den Vorteil, die Kombinationen einzelner Problemarten darzustellen, unter Einschluss des Falles, dass kein Problem besteht. Aus diesem Grund wurde in Abbildung 6 für das Kaufentscheidungsproblem eine dritte Dimension („Unsicherheit bzgl. der Alternativenauswahl") explizit in die Betrachtungen miteinbezogen.

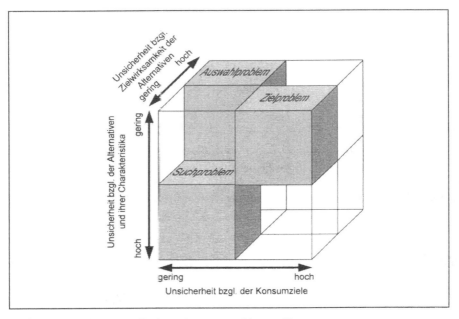

Abbildung 6. Arten von Kaufentscheidungsproblemen (II)

So lässt sich auch bei dieser erweiterten Betrachtungsweise keine eigenständige Problemart für den Fall hohe Unsicherheit bzgl. Alternativen und ihrer Charakteristika und hohe Unsicherheit bzgl. der Konsumziele identifizieren. Vielmehr stellt dieser Fall ein kombiniertes Such-/ Zielproblem dar. Darüber hinaus lassen sich nun auch andere Kombinationen vor Teilproblemen darstellen und der Fall, in dem kein Problem vorliegt (geringe Unsicherheit bei allen drei Wissensarten – vorne oben links). Im Folgenden sollen die Ursachen und Symptome der einzelnen Kaufentscheidungsprobleme näher betrachtet werden. Für die Erklärungskraft der folgenden Ausführungen macht es dabei keinen Sinn, auf die Kombinationen einzelner Teilprobleme einzugehen. Daher sollen zunächst die Teilprobleme weiterhin diskret behandelt werden.

2.3.2.1 Zielprobleme

Wie oben bereits beschrieben, kauft der Kunde ein Produkt, weil er sich bestimmte Konsumkonsequenzen von diesem Produkt erhofft. Zumindest zum Teil muss sich der Konsument dieser Ziele in einer Produktberatung bewusst sein: Er muss ja bereits einen Bedarf an einer bestimmten Produktklasse entwickelt haben. Dies bedingt aber, dass der Konsument – bewusst oder unbewusst – eine gewisse Vorstellung über Konsumkonsequenzen einer Alternative dieser Produktklasse entwickelt hat und diese auch für erstrebenswert hält. Allerdings können diese Ziele sich als unzureichend für die entsprechende Produktklasse erweisen. Etwa – um das oben angeführte Fotografie-Beispiel fortzuführen – das Ziel, seine Fotografien in Zukunft sofort in digitaler Form zu erzeugen, wird in der Regel den Bedarf nach einer Digitalkamera wecken. Dieses Ziel kann aber von allen Angebotsalternativen erfüllt werden, so dass es sich nicht für die Entscheidungsfindung als hinreichend herausstellt. Konsumziele müssen also gewährleisten, dass sie bei der Bewertung von Angebotsalternativen eine diskriminierende Wirkung in Bezug auf die Präferenzbildung haben. Verfügt der Konsument nicht über solche Ziele, so muss er diese in einem dialektischen Prozess zunächst identifizieren. Bei der Auswahl der Ziele können dann Unsicherheiten auftreten, in dem Sinne, dass der Konsument sich nicht sicher ist, ob er diese Ziele wirklich für erstrebenswert hält.

In den meisten Fällen wird der Konsument nicht nur ein einzelnes Konsumziel verfolgen, sondern vielmehr eine Menge von Zielen. Insbesondere, wenn die einzelnen Angebotsalternativen unterschiedlich zur Zielerreichung beitragen, ist der Konsument gezwungen, einzelnen Konsumzielen Prioritäten zuzuordnen. Hierbei wird ebenso deutlich, dass die Eignung der Ziele und ihrer Prioritäten sich unter Umständen erst bei der Auswahl einer Alternative verdeutlicht.

Darüber hinaus muss der Konsument insbesondere bei langlebigen Gebrauchsgütern auch zukünftige Konsumziele antizipieren, da er sich lange an das entsprechende Produkt bindet. Insgesamt wird deutlich, dass ein Konsument zunächst einmal die möglichen Konsumkonsequenzen einer Produktklasse kennen muss, um sich seiner jetzigen und zukünftigen Ziele sicher zu sein. Er muss über ein entsprechendes Zielwissen verfügen.

2.3.2.2 Suchprobleme

Suchprobleme entstehen durch einen Mangel an Wissen bzw. Unsicherheit über die Existenz von Angebotsalternativen und deren Charakteristika. Ein Suchproblem bezieht sich demnach auf Existenzinformationen. Unsicherheit bzgl. des Wissens um die Existenz von Alternativen bezieht sich vor allem auf die Vollständigkeit der erfassten Angebotsalternativen. Dieses Problem tritt insbesondere dann auf, wenn die bisher gefundenen Alternativen den Ansprüchen eines Konsumenten nicht genügen. Er steht dann vor der Entscheidung, den Kauf einer Alternative zu verwerfen oder nach neuen Alternativen zu suchen.[1]

Aber auch Wissen über bekannte Alternativen kann unvollständig sein. Diese Unvollständigkeit kann zum einen Wissen über die Existenz eines **Produktattributs** betreffen, zum anderen aber auch Wissen über Attribut**ausprägungen** einer oder aller dem Konsumenten bekannten Angebotsalternativen. Aber auch wenn dem Konsumenten dieses Wissen durch Verbraucherinformationen zur Verfügung steht, kann er Unsicherheit verspüren, dann nämlich, wenn er die Richtigkeit dieser Informationen anzweifelt und sich unsicher ist, ob die Angebotsalternativen die ihnen zugeordneten Charakteristika tatsächlich aufweisen. In diesem Fall sprechen KALL und STEFFENHAGEN von Einschätzungsunsicherheit.[2] Eine solche Unsicherheit ergibt sich aus den spezifischen Eigenschaften des Produkts selbst und ist abhängig von der Überprüfbarkeit dieser Eigenschaften vor dem Kauf.[3] So lassen sich nicht alle Produktcharakteristika vor dem Kauf inspizieren. Vielmehr können einige Charakteristika nur durch Gebrauch überprüft werden und andere überhaupt nicht.[4] Produkteigenschaften, die vor dem Kauf ohne größeren Aufwand überprüft werden können, heißen **Inspektionseigenschaften**.[5] Beispielhaft für solche Produktcharakteristika ist die Farbe einer Digitalkamera. Sind Eigenschaften erst durch den Gebrauch eines Produktes zu überprüfen, nennt man sie **Erfahrungseigenschaften**.[6] Hierzu zählt

---

[1] Vgl. March, J.G., Simon, H.A. (1993), 135ff.
[2] Vgl. Kall, D., Steffenhagen, H. (1992), S. 15.
[3] Vgl. Fischer, J. (2001), S. 42; Tolle, E. (1994), S. 926; Wilde, L.L. (1981), S. 1123ff.
[4] Vgl. Weiber, R., Adler, J. (1995a), S. 54; Kaas, K.P. (1990), S. 541.
[5] Vgl. Nelson, P. (1970), S. 311f. Inspektionseigenschaften werden in der Literatur deutlich häufiger als Sucheigenschaften bezeichnet. Um den Begriff aber von dem Begriff der Suchinformationen trennen zu können, wurde hier der erste Terminus gewählt.
[6] Nelson, P. (1970), S. 318f.

2 Kaufentscheidungsprobleme als Ausgangspunkt der Produktberatung   45

etwa die Haltbarkeit des Akkus einer Digitalkamera. Es existieren aber auch Produktmerkmale, die für den Konsumenten auch während oder nach dem Gebrauch nicht überprüfbar sind: **Vertrauenseigenschaften**.[1] Ein Überprüfen solcher Eigenschaften ist dem Konsumenten nicht möglich oder aufgrund des aktuellen Standes der Technik nicht realisierbar.[2] Als Beispiel hierfür kann die Bildauflösung (Pixel) einer Digitalkamera gelten.

2.3.2.3 Auswahlprobleme

Um eine Auswahl zwischen in Frage kommenden Alternativen zu treffen, muss der Konsument die einzelnen Alternativen nach ihrer Vorziehenswürdigkeit ordnen. Nach allgemeiner Ansicht geschieht dies auf Basis eines Nutzenvergleichs einzelner Alternativen, dessen Ergebnis **Präferenzen** sind.[3] Um Präferenzurteile treffen zu können, muss der Konsument zunächst die Produktalternativen bzw. deren Charakteristika in Nutzenwerte überführen, d.h. bewerten. Ist ihm das nicht auf Anhieb möglich, so kann dies unterschiedliche Problemursachen haben, die im Folgenden näher erläutert werden.

Um überhaupt Produktcharakteristika in Nutzenwerte zu übertragen, benötigt der Konsument Informationen über die Verbindungen dieser Charakteristika und etwaige Konsumkonsequenzen (Entscheidungsinformationen). Fehlen solche Informationen gänzlich, so wird eine kognitiv begründbare Entscheidung unmöglich. So ist es etwa vorstellbar, dass ein Konsument das Ziel verfolgt, hochauflösende Digitalfotos zu machen. Er ist sich sicher, dass er dieses Ziel mit einer Digitalkamera erreichen kann, weiß aber nicht, dass dieses Ziel von der Anzahl maximal zu erreichender Bildpixel beeinflusst wird. Unter solchen Bedingungen ist es dem Konsumenten nicht möglich, die Angebotsalternativen der Produktklasse Digitalkamera im Hinblick auf dieses Ziel zu bewerten, selbst wenn er die maximal erreichbare Pixelzahl der einzelnen Angebotsalternativen kennt. Aber auch wenn er eine Verbindung zwischen dem Ziel „hochauflösende Digitalfotos" und den Ausprägungen des Attributs „maximale Bildpixel" herstellen kann, so kann er sich unsicher sein bzgl. der Richtig-

---

[1] Vgl. Darby, M.R., Karni, E. (1973), S. 68ff.
[2] Vgl. Fischer, J. (2001), S. 43.
[3] Vgl. Schneider, C. (1997), S. 21.

keit dieser Verbindung und deren Bedeutung für die Zielerreichung. Letzteres kann z. B. dann eintreten, wenn er ein weiteres Attribut identifiziert, das mit dem Ziel in Verbindung steht.

Dabei ist davon auszugehen, dass ein Konsument nicht alle Produktattributausprägungen mit dem gleichen Stellenwert in das Produkturteil einfließen lässt. Diese Vorgehensweise wendet der Konsument zum einen aus sachlogischen Gründen an, zum anderen vereinfacht ein solches Vorgehen die Kaufentscheidung.[1] Sachlogische Gründe liegen dann vor, wenn unterschiedliche Attribute das Erreichen von Konsumzielen (objektiv) unterschiedlich beeinflussen. So wird das Erreichen eines Konsumziels „schnelles Auto" von der Stärke des Motors (KW) stärker als von der Aerodynamik beeinflusst. Darüber hinaus erleichtert die Gewichtung von Produktcharakteristika die Entscheidung, da (zunächst) nur die wichtigeren Merkmale in den Entscheidungsprozess einbezogen werden können.[2] Das Festlegen einzelner Attributausprägungsgewichte ist ebenfalls eine mögliche Quelle der Unsicherheit und kann daher für den Konsumenten zu einem Problem führen.[3]

Allein die Fähigkeit, Produkte bewerten zu können, versetzt den Konsumenten nicht zwangsläufig in die Lage, eine Kaufentscheidung treffen zu können. Vielmehr ist dies nur eine notwendige Bedingung. Der Konsument muss nämlich ebenso in der Lage sein, eine eindeutige Präferenzrangfolge bilden zu können, zumindest in dem Sinne, dass er eine Angebotsalternative eindeutig vor den anderen präferiert. Kann er dies nicht, äußert sich ein solches Problem in Indifferenz oder in einer widersprüchlichen Präferenzfolge. Unter **Indifferenz** wird der Zustand verstanden, bei dem ein Konsument zwei oder mehreren Alternativen den gleichen Nutzen in Bezug auf seine Zielerreichung zuspricht. Geht man von dieser Definition aus, kann Indifferenz kein Problem darstellen: Misst der Konsument mehreren Alternativen bei gleicher Zielfunktion den gleichen Nutzenwert bei, so spielt es für ihn keine Rolle, welche Alternative er wählt, da er mit allen Alternativen seine Ziele gleich gut erreicht. So ist das Gefühl einer hohen Unsicherheit nicht auf Indifferenz zurückzuführen. Vielmehr

---

[1] Vgl. Enders, A. (1997), S. 16f.
[2] Vgl. Enders, A. (1997), S. 18.
[3] Vgl. Panne, F. (1977), S. 117f.

ist diese Unsicherheit auf andere Quellen zurückzuführen, wie etwa die Unsicherheit, alle Ziele bedacht zu haben.

Häufiger und für den Konsumenten problematischer wird in diesem Zusammenhang ein zielbedingter **Konflikt** auftreten. Es kann nämlich sein, dass der Konsument eine Alternative A einer Alternative B vorzieht und gleichzeitig Alternative B vor Alternative A. Ein solcher Fall ist dadurch zu erklären, dass der Konsument in einem Appetenz-Appetenz-Konflikt steht. Dabei ist eine Appetenz eine positive Verhaltenstendenz, die durch Annäherung an ein subjektiv anziehendes Verhaltensziel gekennzeichnet ist.[1] So kann es beispielsweise sein, dass ein Konsument sich nicht zwischen einer Digitalkamera mit verchromtem Metallgehäuse und 3 Millionen Pixel und einer Kamera mit schmucklos schwarzem Kunststoffgehäuse und 5 Millionen Pixel entscheiden kann. Von der ersten Kamera erhofft sich der Konsument, dass er mit dieser Kamera in seinem sozialen Umfeld eine Wirkung erzeugt, von der zweiten Alternative erhofft sich er sich eine bessere Bildqualität. Er bewertet diese Kameras anhand unterschiedlicher Zielgewichte, was zu **widersprüchlichen Präferenzen** führt.[2] Somit lässt sich dieser Konflikt auf eine nicht stabile Zielformulierung zurückführen, weswegen man diesen Problemfall auch unter die Zielprobleme subsumieren könnte.

2.3.3 Involvement als Bestimmungsgröße des Ausmaßes des Kaufentscheidungsproblems

Während oben umfassend auf mögliche unsicherheitsbedingte Barrieren und somit auf unterschiedliche Problemarten eingegangen wurde, soll im Folgenden herausgehoben werden, dass das Vorhandensein einer Barriere nur eine *notwendige Bedingung* für die Existenz eines Problems ist. Ein Problem existiert nur dann, wenn eine Person auch gewillt ist, diese Barriere zu überwinden.[3] Neben dem Überwinden der Barriere besteht nämlich ebenso die Möglichkeit, die Zielsetzung zu ändern. Das kleine Kind aus obigem Schokolade-Beispiel könnte sich ja denken, dass es eigentlich keine Schokolade möchte, sondern lieber nach draußen zum Spielen geht.

---

[1] Vgl. Kroeber-Riel, W., Weinberg, P. (2003), S. 165.
[2] Vgl. Kroeber-Riel, W., Weinberg, P. (2003), S. 165; Bettman, J.R. (1979), S. 120f.
[3] Vgl. Arbinger, R. (1997), S. 5f.

Auf Kaufentscheidungsprobleme bezogen, muss der Konsument also motiviert sein, die Unsicherheit auf ein tolerierbares Maß zu reduzieren, hierfür Informationen zu suchen und zu verarbeiten. Aus dieser Ausführung wird die Nähe zum Begriff des Involvement evident. Aber obwohl dem Involvement im Konsumentenverhalten eine zentrale Rolle zugesprochen wird, existiert in der Literatur kein einheitliches Verständnis dieses Begriffs.[1] In der vorliegenden Arbeit sei Involvement in Anlehnung an TROMMSDORFF im Sinne eines **individuellen Produktinvolvement** wie folgt definiert:[2]

Individuelles Produktinvolvement ist das produktgerichtete Interesse einer Person zur Informationssuche, -aufnahme, -verarbeitung und -speicherung.

Das Ausmaß bzw. die Höhe des Involvements wird durch die Kategorien **High Involvement** und **Low Involvement** wiedergegeben.[3] Dabei sind diese beiden Kategorie-Bezeichnungen nur als Endpunkte eines Intensitätskontinuums zu verstehen, zwischen denen das Involvement schwanken kann.[4] Hier wird davon ausgegangen, dass die Höhe des Involvement in Kombination mit dem Empfinden einer Kaufentscheidungsbarriere die Höhe des empfundenen Kaufentscheidungsproblems wiedergibt.

Involvement kann als *mehrdimensionales Konstrukt* aufgefasst werden.[5] Allerdings herrscht keine Einigkeit, welche und wie viele Dimensionen dieses Konstrukt umfasst. TROMMSDORFF schlägt einen zweidimensionalen Ansatz vor, in den auch andere (mehrdimensionale) Ansätze eingeordnet werden können.[6] Er umfasst die Dimensionen subjektive Kosten und subjektiver Nutzen. Das Ausmaß der subjektiven Kosten entspricht dabei dem Ausmaß des wahrgenommenen Risikos.[7] Die Höhe des subjektiven Nutzens wird unter anderem durch die Art der betroffenen Bedürfnisse

---

[1] Vgl. zur Diskussion des Involvement-Begriffs Trommsdorff, V. (2003), S. 54ff.; Fischer, J. (2001), S. 22ff.; Steffenhagen, H. (1996), S. 28ff. sowie die dort angegebene Literatur.
[2] Vgl. Trommsdorff, V. (2003), S. 56; Fischer, J. (2001), S. 24.
[3] Vgl. Zaichkowsky, L.L. (1985), S. 341.
[4] Vgl. Blackwell, R.D., Miniard, P.W., Engel, J.F. (2001), S. 91; Fischer, J. (2001), S. 25.
[5] Vgl. hierzu und im Folgenden Trommsdorff, V. (2003), S. 56ff.; Fischer, J. (2001), S. 25f.; Homburg, C., Kebbel, P. (2001), S. 44; Steffenhagen, H. (1996), S. 33ff.; Zaichowsky, L.L. (1985), S. 346 sowie die dort angegebene Literatur.
[6] Vgl. Trommsdorff, V. (2003), S. 59f.
[7] Vgl. Steffenhagen, H. (1996), S. 33 und zum wahrgenommenen Risiko Kapitel B2.3.1.1.

und Motive bestimmt. Auf dieser theoretischen Grundlage und gestützt auf die Arbeit von FISCHER (2001) wird in der vorliegenden Arbeit im Abschnitt D1.3 die Konzeptualisierung und Operationalisierung des Konstrukts „individuelles Produktinvolvement vorgenommen.

Die in B2.3.2 erarbeitete Differenzierung der Problemarten dient im Folgenden dem Aufzeigen qualitätsrelevanter Leistungsbestandteile der Produktberatung. So können – nach dem Ausarbeiten eines konzeptionellen Rahmens der Produktberatungsqualität – einzelne Leistungsbestandteile aus den potentiellen Problemarten abgeleitet werden.

C Konzeptualisierung der Produktberatungsqualität

1 Konzeptioneller Rahmen der Produktberatungsqualität

Das Hauptziel dieser Arbeit besteht darin, Einflussgrößen der Produktberatungsqualität zu ermitteln. Solche Einflussgrößen sind in Leistungsattributen zu sehen, im Rahmen der Qualitätsforschung auch Teilqualitäten genannt. Hierfür bietet es sich an, diese Einflussgrößen zunächst zu strukturieren. Dies geschieht in der Regel durch „die Zusammenfassung einzelner Qualitätsmerkmale zu einem relativ abstrakten Oberbegriff mit produkt- und branchenübergreifendem Gültigkeitsanspruch".[1] Diese Oberbegriffe werden in der Literatur mit dem Terminus **Qualitätsdimensionen** bezeichnet.[2]

Als Ausgangspunkt zur Bestimmung solcher Dimensionen ist zu prüfen, ob auf etablierte Strukturierungsansätze zurückgegriffen werden kann. Da solche Dimensionskataloge für die Produktberatungsqualität nicht existieren, werden zunächst Konzepte der Dienstleistungsqualität betrachtet. Ein solches Vorgehen ist zulässig, da die Produktberatung bereits als Dienstleistung identifiziert wurde.

1.1 Dimensionen der Dienstleistungsqualität

Wie die Vielfalt etablierter Dienstleistungs- und Qualitätsbegriffe vermuten lässt, existiert in der Literatur eine große Anzahl unterschiedlicher Dienstleistungsqualitäts-Konzepte, was aber durchaus auch auf die Heterogenität der Dienstleistungsangebote zurückzuführen ist.[3] An dieser Stelle seien nur die bedeutendsten Konzepte kurz wiedergegeben und auf Ihre Tauglichkeit für die Konzeptualisierung der Produktberatung überprüft.[4] Dabei lassen sich diese grob in drei Kategorien unterteilen: Zum einen existieren Konzepte der Dienstleistungsqualität, die Qualitätsmerkmale anhand ihres Auftretens im Produktionsprozess der Dienstleistung unterteilen (**prozessbezogene Konzepte**). Eine zweite Gruppe von Konzepten unterteilt Qualitätsmerkmale anhand ihrer Charakteristik in der Wahrnehmung des

---

[1] Hentschel, B. (1992), S. 88, mit Qualitätsmerkmalen sind qualitätsrelevante Leistungsbestandteile gemeint. Die Begriffe werden im Folgenden synonym verwendet.
[2] Vgl. Homburg, C., Krohmer, H. (2003); S. 814ff.; Hentschel, B. (1992), S. 87ff.
[3] Vgl. Hentschel, B. (1992), S. 88.
[4] Für einen ausführlichen Überblick zu Dimensionierungskonzepten vgl. Corsten, H. (2001), S. 292ff.; Hentschel, B. (1992), S. 89 und die dort angegebene Literatur.

Konsumenten (**merkmalscharakterisierende Konzepte**). Einen besonderen Stellenwert nimmt das **SERVQUAL-Konzept** von PARASURAMAN, ZEITHAML & BERRY ein, weshalb dieses gesondert aufgeführt wird.

1.1.1 Prozessbezogene Konzepte

Prozessbezogene Konzepte lehnen sich an die Phasen der Dienstleistungserstellung an. Ähnlich den unterschiedlichen Definitionsansätzen zur Dienstleistung werden hier Qualitätsmerkmale in Potentialqualität, Prozessqualität und Ergebnisqualität einer Dienstleistung unterteilt (vgl. Abbildung 7).[1]

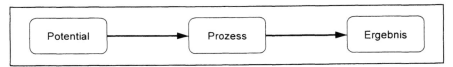

Abbildung 7: Qualitätsdimensionen nach DONABEDIAN und deren funktionaler Zusammenhang (Quelle: Güthoff, J. (1995), S. 47)

Diese Einteilung geht auf DONABEDIAN zurück und wurde in modifizierter Form von weiteren Autoren aufgegriffen.[2]

Zur **Potentialqualität**[3] zählt DONABEDIAN alle zeitlich stabilen Leistungsvoraussetzungen zur Dienstleistungserstellung. Hierunter fallen notwendige Fähigkeiten und Ressourcen des Dienstleisters und seiner Mitarbeiter, wie z.B. die technische Ausrüstung oder die physischen und organisatorischen Arbeitsbedingungen, aber auch die Kompetenz des Dienstleisters zur Aufgabenerfüllung. Aufgrund der Tatsache, dass das Erbringen einer Dienstleistung immer mit dem Einbeziehen eines externen Faktors durch den Kunden verbunden ist, erweitern MEYER und MATTMÜLLER die Struktur- bzw. Potentialqualitäten um Grundeinstellungen des

---

[1] Vgl. Corsten, H. (2001), S. 292ff.; Bruhn, M. (2000), S. 21ff.; Stauss, B., Hentschel, B. (1991), S. 190 und die Ausführungen in Kap. B1.1.4.
[2] Vgl. Stauss, B., Hentschel, B. (1991), S. 239 und die dort angegebene Literatur.
[3] DONABEDIAN verwendet jedoch den Terminus Struktur (structure) anstatt des Terminus Potential (vgl. Donabedian, A. (1980), S. 79ff.).

1 Konzeptioneller Rahmen der Produktberatungsqualität 53

Kunden bezüglich physischer, intellektueller und emotionaler Mitwirkung bei der Leistungserstellung, sowie um Interaktivitätspotentiale.[1]

Die **Prozessqualität** bezieht sich auf Aktivitäten während der Dienstleistungserstellung. Sie ist somit das Ergebnis der Wechselwirkungen zwischen Dienstleister und Kunde, wobei neben fachlichen bzw. technischen Aspekten auch das Einhalten sozialer Rollenerwartungen von Bedeutung ist.[2] Dieser Dimension kommt nach DONABEDIAN ein besonders großer Beitrag zur Bildung des Qualitätsurteils zu. Um diese Aussage besser verstehen zu können, muss erwähnt werden, dass er Dienstleistungsqualität für medizinische Versorgung untersuchte. Er ging dabei davon aus, dass das Dienstleistungsergebnis, die Veränderung des externen Faktors (Gesundheitszustand des Patienten), nicht allein der Leistung (medizinische Versorgung) zugesprochen wird, sondern darüber hinaus auch intervenierenden Faktoren. Daraus folgert er, dass gerade diejenigen prozessbezogenen Leistungsbestandteile, denen vom Konsumenten eine Wirkung auf das Ergebnis zugesprochen wird, maßgebenden Einfluss auf das Qualitätsurteil haben und zwar unabhängig von deren tatsächlichem Einfluss auf das Ergebnis.[3]

Die **Ergebnisqualität** hat, obigen Ausführungen folgend, nur einen Einfluss auf das Qualitätsurteil, wenn das Ergebnis auch als ein Resultat der Leistung anerkannt wird. Sie erfasst den Grad antizipierter Leistungsziele, d.h. den Grad der (beabsichtigten) Veränderung des externen Faktors. Die Ergebnisqualität umfasst zwei Qualitätsbereiche:[4]

- Die **prozessuale Ergebnisqualität**, die sich auf das Dienstleistungsergebnis direkt am Ende des Erstellungsprozesses bezieht (z.B. der Vorschlag einer Produktalternative durch den Verkäufer) und

---

[1] Unter Interaktivitätspotentialen verstehen MEYER und MATTMÜLLER den Einfluss möglicher Kontakte bzw. Interaktionen zwischen Nachfragern und deren Zustandekommen, wenn mehrere Nachfrager gleichzeitig eine Dienstleistung in Anspruch nehmen (z.B. Teilnahme an einem Lehrgang). Vgl. Meyer, A., Mattmüller, R. (1987), S. 193.
[2] Vgl. Donabedian, A. (1980), S. 80.
[3] Vgl. Donabedian, A. (1980), S. 80ff.
[4] Vgl. Corsten, H. (2001), S. 298; Meyer, A., Mattmüller, R. (1987), S. 193; Donabedian, A. (1980), S. 89.

- eine **Folgequalität** die sich aufgrund von Folgen und Wirkungen (z.B. Kauf und Gebrauch der vorgeschlagenen Alternative) des prozessualen Ergebnisses einstellt.

Während sich die prozessuale Ergebnisqualität zeitlich meist genau fixieren lässt, kann sich die Folgequalität über einen langen Zeitraum erstrecken und ihre Beurteilung kann sich im Zeitablauf ändern (bspw. bei Folgebeschwerden einer Operation).[1]

Auch der Ansatz von GRÖNROOS kann zu den prozessbezogenen Konzepten gezählt werden. So unterteilt er Qualitätsmerkmale in eine funktionale und eine technische Dimension, wobei erstere im Sinne von Prozessqualität und letztere im Sinne von Ergebnisqualität zu verstehen sind.[2]

1.1.2 Merkmalscharakterisierende Konzepte

Diese Ansätze unterteilen Qualitätsmerkmale nach der vermeintlichen Wahrnehmung dieser Merkmale durch den Kunden. Beispielhaft sollen hierfür die Konzepte von ZEITHAML, von BERRY und von BRANDT kurz betrachtet werden.

ZEITHAML unterteilt Qualitätsmerkmale in Anlehnung an den informationsökonomischen Ansatz in Such-, Erfahrungs- und Vertrauensqualitäten (search, experience, credence qualities).[3] Obwohl dieser Ansatz durchaus als konzeptionelle Grundlage für die Einteilung von Qualitätsmerkmalen dienen kann, entwickelte ZEITHAML ihn in erster Linie zur Abgrenzung von Dienstleistungen gegenüber Sachleistungen.[4] So kann aufgrund der Qualitätsdimensionen dieser Konzeption kein direkter Rückschluss auf das Zustandekommen eines Qualitätsurteils gezogen werden.

Ob Leistungen in einem normalen, routinemäßigen Rahmen erbracht werden, oder aber außerhalb des Rahmens liegen und damit Ausnahmen bilden, z.B. aufgrund besonderer Kundenwünsche oder Probleme bei der Leistungserstellung, ist Aus-

---

[1] Vgl. Meyer, A., Mattmüller, R. (1987), S. 193.
[2] Vgl. Bezold, T. (1996), S. 47; Grönroos, C. (1990), S. 40ff.
[3] Vgl. Corsten, H. (2001), S. 294; Zeithaml, V.A. (1984), S. 191f, sowie die Ausführungen in Kap. B2.3.2.2.
[4] Vgl. Güthoff, J. (1995), S. 66; Zeithaml, V.A. (1984), S. 192f.

gangspunkt für die Unterteilung von Qualitätsmerkmalen in eine Routine- und eine Ausnahmedimension nach BERRY.[1] Ähnlich unterteilt BRANDT Qualitätsmerkmale in eine Minimumdimension, eine Werterhöhungsdimension sowie eine Hybriddimension.[2] Merkmale der Minimumsdimension stellen Minimalanforderungen an die Leistung dar. Werden diese Anforderungen nicht erfüllt, wirkt sich dies negativ auf die Qualitätsbeurteilung aus. Anders verhält es sich mit Merkmalen der Werterhöhungsdimension: Sie stellen außerordentliche Leistungen dar, deren Erbringen sich positiv auf die Beurteilung auswirkt, deren Nichterbringen aber keine negativen Konsequenzen nach sich zieht. Eine Mindererfüllung der Merkmale der Hybriddimension wirkt sich negativ, ein Übererfüllen positiv auf die Beurteilung aus.

1.1.3 Das Konzept von Parasuraman, Zeithaml & Berry

Das Konzept von PARASURAMAN, ZEITHAML & BERRY nimmt einen besonderen Stellenwert unter den hier vorgestellten Modellen ein. Das Autorenteam entwickelt auf Basis konzeptioneller Vorarbeiten und explorativer, qualitativer Studien ein umfassendes Modell der Dienstleistungsqualität, welches branchenübergreifend Gültigkeit besitzen soll.[3] Das Modell wurde ursprünglich entwickelt, um mögliche Ursachen für Qualitätsmängel aufzudecken, wobei sich diese Ursachen aus der Diskrepanz – sogenannten „gaps" – zwischen *„executive perceptions of service quality and the tasks associated with service delivery to consumers"* [4] ergibt. Um diese gaps zu identifizieren, ist es unumgänglich, die wahrgenommene Dienstleistungsqualität zu erfassen.

PARASURAMAN, ZEITHAML & BERRY identifizieren hierfür anhand konzeptioneller Vorarbeiten und empirischer Analysen folgende fünf Dimensionen wahrgenommener Dienstleistungsqualität:[5]

- „Tangibles"
  Annehmlichkeit des materiellen Umfelds, wie die Ausstattung der Geschäftsräume oder das Erscheinungsbild des Personals.

---

[1] Vgl. Berry, L.L. (1986), S. 7.
[2] Vgl. Corsten, H. (2001), S. 301ff.; Hentschel, B. (1992), S. 93f. und die dort angegebene Literatur.
[3] Vgl. hierzu und im Folgenden Parasuraman, A., Zeithaml, V.A., Berry, L.L. (1985), S. 44ff.; Parasuraman, A., Zeithaml, V.A., Berry, L.L. (1988), S. 12ff.
[4] Vgl. Parasuraman, A., Zeithaml, V.A., Berry, L.L. (1985), S. 44.
[5] Vgl. Parasuraman, A., Zeithaml, V.A., Berry, L.L. (1988), S. 23.

- „Reliability"
  Die Fähigkeit, die zugesagte Leistung zuverlässig und akkurat zu erfüllen.

- „Responsiveness"
  Die Gewilltheit, dem Kunden zu helfen und die Leistung schnell zu erbringen.

- „Assurance"
  Wissen, Höflichkeit und Vertrauenswürdigkeit des Personals.

- „Empathy"
  Einfühlungsvermögen bzw. die individuelle Aufmerksamkeit, die der Leistungsersteller dem Kunden zukommen lässt.

Den verschiedenen Dimensionen werden dabei unterschiedliche Bedeutungen für das Zustandekommen wahrgenommener Dienstleistungsqualität zugesprochen, die auch leistungsspezifisch schwanken können.[1] Mittels explorativer Voruntersuchungen und auf Basis der Extraktion der oben genannten fünf Qualitätsdimensionen, entwickeln die Autoren eine 22 Items umfassende Skala zum Messen von Dienstleistungsqualität (SERVQUAL), deren Validität sie anhand von Messungen in fünf verschiedenen Dienstleistungsbranchen nachweisen.[2]

1.2 Kritische Würdigung der vorgestellten Konzepte im Hinblick auf das vorliegende Forschungsziel

Im Folgenden wird keine umfassende Beurteilung der vorgestellten Konzepte vorgenommen werden, da dies bereits an anderen Stellen ausführlich geschehen ist.[3] Vielmehr seien statt dessen die Ansätze auf ihre Nützlichkeit im Hinblick auf das Aufdecken qualitätsrelevanter Leistungsbestandteile der Produktberatung diskutiert.

Die merkmalsorientierten Konzepte ordnen Qualitätsmerkmale nach ihrer wahrgenommenen Charakteristik. Dies kann allerdings erst geschehen, wenn die Qualitätsmerkmale bekannt sind und ihre wahrgenommenen Charakteristika empirisch ermittelt worden sind. Im vorliegenden Forschungsfeld kann davon aller-

---

[1] Vgl. Parasuraman, A., Zeithaml, V.A., Berry, L.L. (1988), S. 31ff.
[2] Vgl. Parasuraman, A., Zeithaml, V.A., Berry, L.L. (1988), 18ff.
[3] Vgl. Güthoff, J. (1995), S. 45ff.; Scharitzer, D. (1994), S. 87ff.; Hentschel, B. (1992), S. 94ff, sowie die dort angegebene Literatur.

dings nicht ausgegangen werden, weshalb diese Qualitätsmodelle für die vorliegende Zielsetzung eher ungeeignet scheinen. Sie bieten somit keinen grundlegenden Ansatzpunkt für ein strukturiertes, theoretisches Vorgehen.

Aufgrund der inhaltlichen Umschreibung der Qualitätsdimensionen besitzt das Konzept von PARASURAMAN, ZEITHAML & BERRY den größten Aussagegehalt. Den Gedanken der Autoren folgend könnte die entwickelte Skala direkt für die Messung der Produktberatungsqualität übernommen werden. Die universelle Anwendbarkeit, die das Autorenteam ihrer Skala unterstellt, ist wohl nicht gegeben, wie vorliegende empirische Untersuchungen zeigen.[1] Insbesondere im Handel scheint sich die Validität der SERVQUAL-Skala nicht zu bestätigen.[2] Dennoch kann der Ansatz wertvolle Hinweise auch für das Zustandekommen der Produktberatungsqualität leisten, auch wenn er aus den obigen Gründen in der vorliegenden Untersuchung nicht weiter verfolgt wird.

Die prozessbezogene Modellierung scheint als Basis für das vorliegende Untersuchungsziel den größten Nutzen zu bieten. Durch die Einteilung in Potential-, Prozess- und Ergebnisqualität kann die gesamte Leistungserstellung erfasst werden, ohne die Konzeptualisierung einzuschränken, indem etwaige Faktoren vorgegeben werden. Die folgenden Ausführungen zum Zustandekommen der Produktberatungsqualität werden sich daher am Prozess der Leistungserstellung orientieren.

1.3 Konzeption der Produktberatungsqualität

1.3.1 Struktur einer Produktberatungssituation

Um Qualitätsmerkmale zu identifizieren, bietet es sich an, die Struktur der Leistungserstellung der Produktberatung aufzuzeigen. Unter strukturellen Gesichtspunkten lassen sich folgende vier Komponenten identifizieren, die eine Beratungssituation ausmachen:[3]

---

[1] Vgl. für einen Überblick Hentschel, B. (1992), S. 132ff.
[2] Vgl. Finn, D.W., Lamb, C.W. (1991), S. 483ff.
[3] Vgl. Dietrich, G. (1983), S. 17.

- Das institutionelle und organisatorische Umfeld, in dem die Beratung stattfindet,

- die Person des Ratsuchenden,

- die Person des Beraters und

- die interaktionale und kommunikative Beziehung zwischen Ratsuchendem und Berater.

Wie stellt sich eine solche Situation nun im Zusammenhang mit der Produktberatung dar? Das institutionelle und organisatorische Umfeld der Beratung wird zum einen durch die Situation des Verkaufsgesprächs und zum anderen durch das jeweilige anbietende Unternehmen bestimmt. Der Kunde entspricht der Person des Ratsuchenden, der Verkäufer der des Beraters. Die interaktionale und kommunikative Beziehung entspricht dem Beratungsgespräch.

Produktberatung ist zielorientiert, d.h. im Mittelpunkt der Beratung steht das Kaufentscheidungsproblem des Konsumenten.[1] Das Problem ist – aus struktureller Sicht – beim Kunden verankert und stellt den externen Faktor dar. Um das Problem zu lösen, müssen Kunde und Verkäufer in Beziehung zueinander treten. Das Beratungsgespräch enthält zwei Ebenen kommunikativen und interaktionalen Handelns: Zum einen eine „technische Ebene", die auch als die für die Problemlösung instrumentelle Ebene bezeichnet werden kann. Die ihr zuzuordnenden Handlungen dienen allein dem Lösen des Kaufentscheidungsproblems. Zum anderen enthält das Beratungsgespräch eine rein persönliche Ebene (Beziehungsebene). Die Handlungen, die dieser Ebene zuzuordnen sind, beziehen sich auf die Persönlichkeit des Gegenübers und beinhalten gewöhnlich Respekt und Achtung symbolisierende Kommunikation und helfen, Informationen, die auf der instrumentellen Ebene ausgetauscht werden, zu deuten (vgl. Abbildung 8).[2]

---

[1] Vgl. hierzu und im Folgenden Nerdinger, F.W. (1994), S. 60f.
[2] Vgl. Diller, H., Kusterer, M. (1988), S. 214ff.

1 Konzeptioneller Rahmen der Produktberatungsqualität

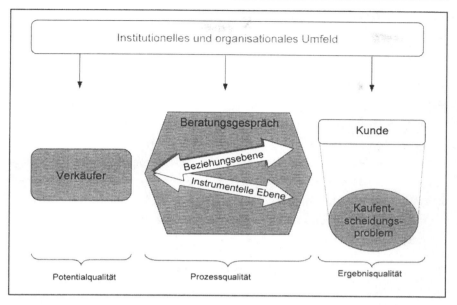

Abbildung 8: Bezugsrahmen der Bestimmungsgrößen der Produktberatungsqualität

1.3.2 Bezugsrahmen der Bestimmungsgrößen der Produktberatungsqualität

Überträgt man den prozessbezogenen Dienstleistungsqualitätsansatz auf die Produktberatung, so lassen sich auch hier Potential-, Prozess- und Ergebnisqualität ausmachen: Die Produktberatung ist darauf ausgerichtet, den Kunden bei der Lösung des Kaufentscheidungsproblems zu unterstützen. Demnach spiegelt sich die **Ergebnisqualität** an der Güte der Problemlösung. Im Rahmen der Produktberatung wird das Kaufentscheidungsproblem durch das Beratungsgespräch gelöst. Da Beratungsgespräche in Form von Interaktionen stattfinden und diese wiederum prozessualen Charakter haben, wird die **Prozessqualität** durch die Qualität des Beratungsgesprächs bestimmt. Die zum Anbieten der Produktberatung notwendigen Fähigkeiten und Ressourcen werden – neben den zeitlich stabilen Bestandteilen des physischen Umfelds - sowohl vom Verkäufer als auch vom Kunden eingebracht. Es ist aber davon auszugehen, dass der Kunde seine eigenen Potentiale (wie etwa seine Intelligenz) nicht als eigenständige Leistungsbestandteile mit in die Beurteilung der Qualität der Beratung einbezieht. Aus diesem Grund kann davon ausgegangen werden, dass lediglich die Fähigkeiten und Ressourcen des Verkäufers, sowie die zeitstabilen Bestandteile des physischen Umfelds der **Potentialqualität** zugerechnet werden.[1]

Es wird davon ausgegangen, dass die Potentialqualität die Prozessqualität und diese wiederum die Ergebnisqualität beeinflusst.[2] Während der Zusammenhang von Prozess- und Ergebnisqualität als gesichert gilt, mangelt es allerdings an Untersuchungen bzgl. des Zusammenhangs zwischen Potential- und Prozessqualität.[3] Aus verhaltenstheoretischer Sicht liegt es jedoch nahe, dass die vom Kunden wahrgenommenen Potentiale des Verkäufers auf die Wahrnehmung des Beratungsprozesses und somit auch auf die Wahrnehmung des Ergebnisses wirken. So kann das Wahrnehmen von Potentialen des Verkäufers (z. B. die angemessene Kleidung) zu Vorurteilen des Kunden führen, welche dessen Erwartungshaltung bzgl. weiterer Attribute des Beratungsgesprächs beeinflussen.[4]

Durch diese „gegen den Prozess laufende" Reihenfolge der im Folgenden untersuchten Qualitätsdimensionen wird dem Umstand Rechnung getragen, dass sich aus den Erwartungen an das Beratungsergebnis Erwartungen bzgl. des Gesprächs ergeben und diese wiederum durch bestimmte Potentiale beeinflusst werden können.

---

[1] Zeitlich stabile Bestandteile des physischen Umfelds werden in Abbildung 8 aus Gründen der Übersichtlichkeit nicht explizit erwähnt.
[2] Vgl. Corsten, H. (2001), S. 238ff.; Meyer, A., Mattmüller, R. (1987), S. 191ff.
[3] Vgl. Donabedian, A. (1980), S. 79ff.
[4] Vgl. Kroeber-Riel, W., Weinberg, P. (2003), S. 268ff.

2 Leistungsbestandteile des Produktberatungsergebnisses

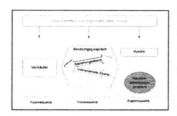

Die Leistungsbestandteile der Produktberatungsqualität seien im Folgenden anhand des in Kapitel C1 erarbeiteten Bezugsrahmens theoretisch hergeleitet. Als Ausgangspunkt der Überlegungen dient dabei das Phänomen des Kaufentscheidungsproblems. Auf Basis dieses Phänomens werden zunächst mögliche Ergebnisse der Beratung ermittelt. Hierbei wird im Rahmen dieser Untersuchung nur auf das prozessuale Ergebnis eingegangen. Dies ist auch damit zu begründen, dass ein Folgeergebnis, etwa die aus der Zufriedenheit mit einem Produkt resultierende Produktberatungszufriedenheit, zeitlich und kausal schlecht bis gar nicht abgrenzbar ist. So kann sich gerade bei langlebigen Gebrauchsgütern Zufriedenheit, etwa durch Gewöhnen an ein Produkt, oder auch Unzufriedenheit, etwa durch Veränderung der Ansprüche, auch lange nach der Entscheidung und somit auch lange nach der Beratung auftreten. Wird diese (Un-)Zufriedenheit dann der Beratung durch einen Verkäufer zugeschrieben, bleibt unklar, ob sich dieses Zuschreiben tatsächlich auf die wahrgenommene Produktberatungsqualität zurückführen lässt.

2.1 Problemlösung als Determinante des Produktberatungsergebnisses

2.1.1 Allgemeiner Ansatz

Geht man von der Annahme aus, dass das Kaufentscheidungsproblem der externe Faktor ist, den der Kunde in die Produktberatung einbringt, so liegt der Schluss nahe, dass als prozessuales Ergebnis der Beratung das Lösen dieses Problems erwartet wird. Fühlt sich der Kunde am Ende der Beratung also in die Lage versetzt, eine Kaufentscheidung zu treffen, ist die Barriere – die Unsicherheit bzgl. der Kaufentscheidung – die dieses bisher verhinderte, ausgeräumt, wodurch die Erwartung an das prozessuale Ergebnis der Beratung erfüllt wäre. Aus dieser Überlegung heraus, wird folgende Vermutung aufgestellt:

> V_{E1}: *Das Lösen des Kaufentscheidungsproblems beeinflusst die Produktberatungsqualität positiv.*

Wie oben gezeigt, können die Probleme des Kunden, die es in der Produktberatung zu lösen gilt, unterschiedlicher Art sein.[1] Diese unterschiedlichen Problemarten können – aufgrund ihrer unterschiedlichen Lösungsarten – auch als Teilprobleme bezeichnet werden, womit Auswahl-, Such- und Zielprobleme gemeint sind. Das Lösen eines oder mehrerer dieser Probleme kann dazu führen, dass das Kaufentscheidungsproblem ausgeräumt oder zumindest gemindert wird:

V_{E2a}: *Das Lösen von Auswahlproblemen beeinflusst das Lösen des Kaufentscheidungsproblems positiv.*

V_{E3a}: *Das Lösen von Suchproblemen beeinflusst das Lösen des Kaufentscheidungsproblems positiv.*

V_{E4a}: *Das Lösen von Zielproblemen beeinflusst das Lösen des Kaufentscheidungsproblems positiv.*

Allerdings soll auch vermutet werden, dass die Produktberatungsqualität nicht nur von der Gesamtlösung des Problems abhängt, sondern dass auch Teillösungen des Problems die Beratungsqualität positiv beeinflussen. So unterstellt eine solche Vermutung, dass der Kunde gar nicht zwangsläufig erwartet, dass das Kaufentscheidungsproblem durch den Verkäufer vollständig gelöst wird:

V_{E2b}: *Das Lösen von Auswahlproblemen beeinflusst die Produktberatungsqualität positiv.*

V_{E3b}: *Das Lösen von Suchproblemen beeinflusst die Produktberatungsqualität positiv.*

V_{E4b}: *Das Lösen von Zielproblemen beeinflusst die Produktberatungsqualität positiv.*

2.1.2 Moderierende Effekte der Art des Kaufentscheidungsproblems

Je nach Art des Kaufentscheidungsproblems, aufgrund dessen der Kunde die Produktberatung in Anspruch nimmt, wird das Lösen der Teilprobleme einen unterschiedlichen Stellenwert für die Produktberatung einnehmen: Hat ein Kunde haupt-

---

[1] Vgl. Kapitel B2.3.2.

2 Leistungsbestandteile des Produktberatungsergebnisses 63

sächlich ein Suchproblem, so ist davon auszugehen, dass die Lösung dieses Problems einen stärkeren Einfluss auf die Beratungsqualität und die Gesamt-Problemlösung hat, als das Lösen nur schwach ausgeprägter Auswahl- oder Zielprobleme. Demnach kann die Art des Kaufentscheidungsproblems als eine **moderierende Variable**[1] aufgefasst werden. Solche Größen beeinflussen die Art des Zusammenhangs zwischen einer unabhängigen (erklärenden) Variablen auf eine abhängige Variable. Dabei können sowohl Stärke als auch das Vorzeichen[2] des Zusammenhangs moderiert werden. Der moderierende Effekt ist dabei als Konsequenz einer Interaktion zwischen Moderatorvariable und unabhängiger Variable aufzufassen.[3] So kann das obige Vermutungssystem um folgende Vermutungen ergänzt werden:

V_{m1a}: *Steht der Kunde überwiegend vor einem Auswahlproblem, wird das Lösen dieses Teilproblems einen stärkeren Einfluss auf das Lösen des Kaufentscheidungsproblems und die Produktberatungsqualität nehmen, als das Lösen der anderen Teilprobleme.*

V_{m1b}: *Steht der Kunde überwiegend vor einem Suchproblem, wird das Lösen dieses Teilproblems einen stärkeren Einfluss auf das Lösen des Kaufentscheidungsproblems und die Produktberatungsqualität nehmen, als das Lösen der anderen Teilprobleme.*

V_{m1c}: *Steht der Kunde überwiegend vor einem Zielproblem, wird das Lösen dieses Teilproblems einen stärkeren Einfluss auf das Lösen des Kaufentscheidungsproblems und die Produktberatungsqualität nehmen, als das Lösen der anderen Teilprobleme.*

---

[1] synonym: Moderatorvariable.
[2] In vielen Arbeiten wird in diesem Fall auch von einem Richtungswechsel gesprochen. Dabei bleibt es häufig zweideutig, ob damit ein Vorzeichenwechsel oder der „Rollentausch" von unabhängiger und abhängiger Variable gemeint ist und kann nur aus dem Zusammenhang geschlossen werden. Aus diesem Grund wird aus sprachlicher Vereinfachung von Vorzeichenwechsel gesprochen werden.
[3] Vgl. Baron, R., Kenny, D. (1986), S. 1174; Swan, J.E., Nolan, J.J. (1985), S. 41.

2.2 Vertrauen als Determinante der Problemlösung durch die Produktberatung

Damit der Kunde in der Produktberatung Sicherheit in Bezug auf seine Kaufentscheidung erlangt, muss er sicher sein, dass die Informationen, die er während der Beratung erhält, auch „richtig" sind bzw. er mit ihnen übereinstimmt.[1] Dass er an den Informationen zweifelt, lässt sich auf folgende Ursache zurückführen: Der Kunde muss davon ausgehen, dass der Verkäufer bzgl. der Produkte einen Wissensvorsprung hat (dies ist schließlich auch einer der Hauptgründe, warum er die Produktberatung in Anspruch nimmt).[2] Ein solcher Wissensvorsprung befähigt den Verkäufer zu opportunistischem Handeln.[3] So ist es dem Verkäufer z.b. möglich, dem Kunden Informationen zu verschweigen; oder der Verkäufer gibt falsche Informationen an den Kunden weiter, um den Kunden zum Kauf einer Alternative zu bewegen, die sich für die Zele des Verkäufers sehr günstig darstellt, aber die Ziele des Kunden schlechter als eine andere Alternative erfüllt. Dies kann allerdings nur zu Unsicherheit führen, wenn der Kunde auch befürchtet, dass der Verkäufer von dieser Möglichkeit Gebrauch macht. Ist dies der Fall, wird der Kunde die vom Verkäufer gelieferten Informationen – zumindest teilweise – nicht akzeptieren, was wiederum dazu führt, dass diese nicht zu einer Minderung oder Lösung des Kaufentscheidungsproblems beitragen können.

Also muss der Kunde sicher sein, dass die Informationen des Verkäufers auch wahr sind und nicht etwa zugunsten des Verkäufers von diesem verzerrt wiedergegeben werden. Die Erwartung des Kunden gegenüber dem Verkäufer, dass dieser „richtige" Informationen weitergibt, also Informationen, die er weder wissentlich noch unwissentlich verfälscht hat, wird hier als **Vertrauen** bezeichnet.[4] Dieses Begriffsverständnis des Vertrauens schließt bewusst auch den Fall ein, bei dem der Verkäufer auch unbewusst falsche Informationen weitergibt. So hat sich in explorativen Vorgesprächen mit Nutzern von Produktberatung gezeigt, dass es für den Kunden in aller Regel nicht nachzuvollziehen ist, ob der Verkäufer bewusst – im

---

[1] Vgl. Steffenhagen, H. (1984), S. 94; McGuire, W.J. (1976), S. 307.
[2] Vgl. Ebers, M., Gotsch, W. (1999), S. 211.
[3] Vgl. Weiber, R., Adler, J. (1995a), S. 48.
[4] Vgl. zur Diskussion des Vertrauensbegriffs Grund, M.A. (1998), S. 103ff; Petermann, F. (1996), S. 1ff.; Schmitz, G. (1996), S. 150ff.; Plöttner, O. (1995), S. 35ff. und die dort angegebene Literatur.

Sinne opportunistischen Verhaltens – oder unbewusst falsche Informationen weitergegeben hat.

Damit die Produktberatung also wirklich zur Problemlösung beitragen kann, muss sich der Kunde am Ende der Beratung sicher sein, dass er dem Verkäufer vertrauen kann:

V_{E5a}: *Das dem Berater entgegengebrachte Vertrauen des Kunden beeinflusst das Lösen von Auswahlproblemen positiv.*

V_{E5b}: *Das dem Berater entgegengebrachte Vertrauen des Kunden beeinflusst das Lösen von Suchproblemen positiv.*

V_{E5c}: *Das dem Berater entgegengebrachte Vertrauen des Kunden beeinflusst das Lösen von Zielproblemen positiv.*

3 Leistungsbestandteile des Beratungsprozesses

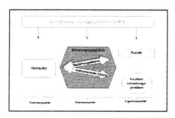

Oben beschriebene Beratungsergebnisse können nur erzielt werden, wenn entsprechende Leistungen im Beratungsprozess erbracht werden. Daher werden im Folgenden solche Leistungsbestandteile des Beratungsprozesses hergeleitet. Hierfür werden zunächst die Besonderheiten der Informationsaufnahme in der persönlichen Kommunikation als Bestandteil der Interaktion grundlegend erläutert. Darauf und insbesondere auf die Arten von Kaufentscheidungsproblemen aufbauend wird der Informationsbedarf zum Lösen von Kaufentscheidungsproblemen (instrumentelle Ebene) ermittelt (Kapitel C3.2). Inwiefern der Verkäufer beim Vermitteln der Informationen auf die Besonderheiten persönlicher Interaktion und Kommunikation eingehen sollte, wird in den Kapiteln C3.3 und C3.4 dargelegt.

3.1 Grundlagen der Informationsaufnahme in der persönlichen Kommunikation

3.1.1 Begriff und Teilaspekte der Informationsaufnahme

Wie bereits in den vorangegangenen Kapiteln beschrieben, stellt die Produktberatung eine Informationsquelle für den Kunden dar, die dazu dienen soll, sein Kaufentscheidungsproblem zu lösen. Damit die Produktberatung diese Aufgabe erfüllen kann, muss der Kunde die Informationen des Verkäufers zunächst aufnehmen.

Der Begriff der Informationsaufnahme ist eng verbunden mit dem Begriff der Wahrnehmung und wird häufig synonym verwendet.[1] Bei der Informationsaufnahme werden Informationen, die von außen auf ein Individuum einströmen, in das Gedächtnis des Konsumenten übernommen. Allerdings wird davon ausgegangen, dass aufgrund der Kapazitätsbegrenzung des menschlichen Kurzzeitgedächtnisses nicht alle auf das Individuum einströmenden Informationen aufgenommen werden kön-

---

[1] Vgl. Pikkemaat, B. (2002), S. 31; Steffenhagen, H. (1984), S. 84ff.; zum Wahrnehmungsbegriff (Perception) vgl. Kroeber-Riel, W, Weinberg, P. (2003), S. 268ff.; Schiffman, L.G., Kanuk, L.L. (2000), S. 162.

nen.[1] Vielmehr ist davon auszugehen, dass es sich bei der Informationsaufnahme um einen selektiven Prozess handelt. Bevor sich ein Individuum allerdings bewusst Informationen zuwendet, muss eine vorbewusste Orientierungsreaktion als Ergebnis einer vorbewussten Reizanalyse vorausgehen.[2] Erst im Anschluss einer solchen Orientierungsreaktion kann eine bewusste Zuwendung des Individuums zu einer Informationsquelle stattfinden. Dieser Prozess wird als **Aufmerksamkeit** bezeichnet.[3] Ohne ein Mindestmaß an Verarbeitung der Information kann allerdings auch keine *bewusst* selektive Zuwendung stattfinden. Demzufolge muss ein **kognitives Auseinandersetzen** und/ oder ein **emotionales Erleben** der Information stattfinden. Insbesondere wenn Informationen zur weiteren Verarbeitung wie etwa dem Auf-/ Ausbau von Kenntnissen oder Einstellungen herangezogen werden sollen, ist es – wie bereits gesagt – notwendig, dass die Informationen vom Konsumenten auch akzeptiert werden (vgl. Abbildung 9).[4]

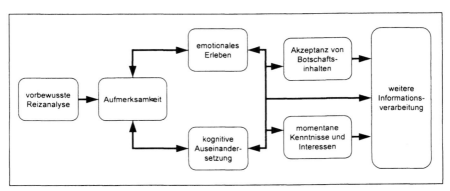

Abbildung 9: Theoretischer Bezugsrahmen zur Informationsaufnahme (in Anlehnung an: Steffenhagen, H. (1984), S. 87)

Modelle der Informationsaufnahme wurden und werden überwiegend zum Erklären der Informationsaufnahme aus alternativen Informationsquellen entwickelt. Sie sind uneingeschränkt anwendbar auf Fälle, bei denen geklärt werden soll, *warum* sich ein Konsument Informationen *einer bestimmten Quelle* aus einer *Menge alternativer*

---

[1] Vgl. Felser, G. (1997), S. 71 f.
[2] Vgl. hierzu und im Folgenden Steffenhagen, H. (1996), S. 43 ff.
[3] Vgl. Steffenhagen, H. (1984), S. 86.
[4] Vgl. Steffenhagen, H. (1984), S. 84 ff.

3 Leistungsbestandteile des Beratungsprozesses 69

Quellen mehr oder weniger zuwendet. Ihre Anwendung auf den Fall, dass sich ein Konsument bewusst nur *einer Quelle* zuwendet, wie das in der Produktberatung der Fall ist, ist nur begrenzt möglich. Betrachtet man die Aufmerksamkeit als bewussten Filter zur Selektion von Informationen, so kann davon ausgegangen werden, dass gegenüber den Informationen des Verkäufers die Aufmerksamkeit so hoch ist, dass sich der Kunde mit den Informationen auch kognitiv und emotional auseinandersetzt.

Das **emotionale Erleben** der Produktberatung meint in diesem Zusammenhang das persönliche Erleben des Kunden während des Beratungsprozesses.[1] Es kann sich sowohl auf die Botschaften des Verkäufers als auch auf die Person des Verkäufers als Informationsquelle beziehen. Emotionen werden hier als bewusste, momentane innere Erregungs- oder Spannungszustände mit einer variablen Stärke, einem variablen Vorzeichen (positives bzw. negatives Erleben von Emotionen) und einem variablen Inhalt verstanden. Sie sind damit eine gedankliche Interpretation eines speziellen Erregungszustandes, stehen also auch zu der kognitiven Auseinandersetzung mit der Information in enger Beziehung.[2]

Parallel und interdepent zum emotionalen Erleben setzt sich der Kunde kognitiv, d.h. verstandesmäßig mit den Informationen des Verkäufers auseinander (**kognitive Auseinandersetzung**). Die Denkvorgänge, die damit verbunden sind, betreffen das Identifizieren, Assoziieren, Interpretieren und Bewerten der Informationen.[3] Die Prozesse des Identifizierens und des Assoziierens sind eng miteinander verknüpft. Beim **Identifizieren** versucht der Kunde, die Informationen des Verkäufers auf ihre Bekanntheit hin zu überprüfen; er entschlüsselt die empfangenen Informationen. Der Kunde überprüft, ob die entsprechende Information bereits in seinem Langzeitgedächtnis verfügbar ist. Beim **Assoziieren** versucht der Kunde, eine identifizierte Information mit bereits vorhandenem Wissen in Beziehung zu setzen. Auf solche Assoziationen stützt sich der Kunde, wenn er versucht, die dargebrachten Informationen zu verstehen. Gelingt es ihm also, die identifizierten Informationen bereits vorhandenem Wissen zuzuordnen, ist das Ergebnis eines solchen Prozesses, dass der Kunde den Informationen eine Bedeutung beimisst: Er glaubt zu verstehen,

---

[1] Vgl. Steffenhagen, H. (1984), S. 88.
[2] Vgl. Kroeber-Riel, W., Weinberg, P. (2003), S. 55; Steffenhagen, H. (1984), S. 88.
[3] Vgl. hierzu und im Folgenden Steffenhagen, H. (1984), S. 90ff.

worum es geht. Ein solches Verstehen wird als **Interpretieren** bezeichnet.[1] Diese interpretierten Informationen konfrontiert das Individuum mit vorhandenen Erfahrungen, Meinungen, Vorurteilen usw. Vor diesem Hintergrund findet eine **Bewertung** statt.

Damit Informationen des Verkäufers für die Kaufentscheidung herangezogen werden können, ist das Interpretieren der Informationen im Sinne des Verkäufers – also das Verstehen dieser Informationen – eine wichtige, allerdings nur notwendige Bedingung für die weitere Verarbeitung. Nämlich immer dann, wenn die Informationen zur weiteren Verarbeitung bei der Kaufentscheidung dienen sollen, muss auch das **Akzeptieren der Informationen** – als Ergebnis des Bewertens – als hinreichende Bedingung hinzutreten.

Wie oben gezeigt, hängt das Interpretieren von Informationen davon ab, wie der Empfänger die Informationen deutet. Insbesondere wenn mehrere Interpretationsmöglichkeiten bestehen, liegt es im Interesse des Senders *und* des Empfängers, dass der Sender Hinweise darauf liefert, wie die Botschaft zu interpretieren ist. Während das Interesse an solchen Hinweisen des Senders offensichtlich ist, liegt das Interesse des Empfängers darin begründet, dass ihm der Prozess der Interpretation vereinfacht wird.

3.1.2 Mehrebenen-Modell einer Botschaft in der persönlichen Kommunikation

Die Botschaft, die ein Verkäufer übermittelt, transportiert sowohl den Inhalt einer Information als auch Hinweise darüber, wie dieser Inhalt zu interpretieren ist. Nach SCHULZ VON THUN lassen sich vier Ebenen einer Botschaft differenzieren (vgl. Abbildung 10).[2] Der **Sachinhalt** einer Botschaft entspricht dem lexikalischen Gehalt der Information. Neben dem Sachinhalt transportiert die Botschaft allerdings auch noch Informationen über dessen Bedeutung, d.h. Informationen darüber, wie der Sachinhalt zu verstehen ist. Durch solche Bedeutungsinhalte versucht der Sender sicherzustellen, dass der Adressat die Informationen im gemeinten Sinn interpretiert Diese Bedeutungsinhalte werden über drei weitere Ebenen der Botschaft transportiert: Die Ebene der **Selbstoffenbarung** enthält Informationen über den Sender

---

[1] Vgl. Bless, H., Schwarz, N. (2002), S. 263f.
[2] Vgl. hierzu und im Folgenden Schulz von Thun, F. (1997), S. 26ff.

selbst, wie z.B. Verhaltensabsichten oder Einstellungen. Die damit verbundene Selbstdarstellung kann sowohl gewollt als auch ungewollt sein. Wählt ein Verkäufer etwa Formulierungen, die sich durch den Gebrauch von Fachwörtern auszeichnen, so kann dies Kompetenz signalisieren. Allerdings können die gleichen Formulierungen auch Inkompetenz anzeigen, etwa dann, wenn die Fachwörter untreffend bzw. falsch gewählt werden. Darüber hinaus kann eine Botschaft auch **Appelle** enthalten, mit denen der Sender versucht, das Verhalten des Empfängers zu beeinflussen. Gleichzeitig geht aus der Botschaft auch hervor, wie der Sender dieser Botschaft zum Empfänger steht; durch die gewählte Formulierung und nichtsprachliche Signale definiert der Sender seine **Beziehung** zum Empfänger. Nach SCHULZ VON THUN sagt dieser Aspekt einer Botschaft etwas darüber aus, was der Sender vom Empfänger hält, wie er zu ihm steht und was er von der Beziehung zum Empfänger hält.

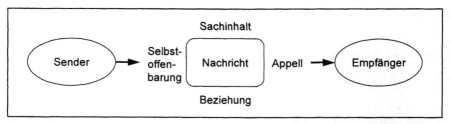

Abbildung 10: Mehrebenen-Modell der Kommunikation (Quelle: Nerdinger, F.W. (2001), S. 198)

Der Empfänger kann eine Botschaft auf allen Ebenen der Kommunikation interpretieren. Welche Ebene er dabei bevorzugt heranzieht, liegt im Ermessen des Empfängers. Das kann dazu führen, dass der Empfänger die Botschaft nicht im Sinne des Senders interpretiert, was zu Missverständnissen in der Kommunikation führen kann.[1] Aus diesem Grund sollen im Folgenden nicht nur Informationen auf der Sachinhalts-Ebene betrachtet werden, sondern auch Informationen, die überwiegend über die anderen Ebenen der Kommunikation vermittelt werden.

---

[1] Vgl. Fließ, S. (1999), S. 535.

3.1.3 Formen des kommunikativen Austausches in der Interaktion

Der Austausch von Botschaften findet in der Interaktion statt. Um die Prozesse solcher Interaktionen zu analysieren und zu beschreiben, wurden eine Vielzahl von Austauschtheorien entwickelt.[1] Hierbei ist zwischen strukturellen und prozessualen Ansätzen zu unterscheiden:[2] **Strukturelle Austauschtheorien** versuchen ein relationales Determinantensystem von Beziehungsmustern zu ermitteln. Die bekanntesten Arbeiten mit Bezug zum persönlichen Verkauf, die dieser Kategorie zuzuordnen sind, sind die Arbeiten von EVANS (1963) und SCHOCH (1969). Dieser Art von Austauschtheorien liegt ein statisches Interaktionsverständnis zugrunde. **Prozessuale Austauschtheorien** berücksichtigen hingegen den dynamischen Aspekt der Interaktion. Hier wird den Interaktionspartnern unterstellt, dass sie auf der Grundlage eigener Zielvorstellungen durch ihr Verhalten auf den Interaktionspartner einwirken und auf diesen auch reagieren. Die Ergebnisse beider Ansätze werden in der vorliegenden Untersuchung berücksichtigt. Im Folgenden bedarf es allerdings nicht eines überblicksartiges Abrisses von Austauschtheorien;[3] vielmehr geht es darum, austauschtheoretische Ansätze an jenen Stellen heranzuziehen, an denen es für die Zielstellung der Arbeit als sinnvoll erscheint.

JONES und GERARD[4] entwickelten eine Typologie für Interaktionen, die die Interaktion nach dem Grad der wechselseitigen Abhängigkeit des Verhaltens der Interaktionspartner in vier Interaktionsformen unterteilt. In ihrer Sichtweise zur Interaktion werden den Interaktionspartnern A und B Handlungsabsichten unterstellt, die sie durch Verhaltenssignale ($V_{p_1} \ldots V_{p_n}$) anzeigen und durch die A und B wiederum Reaktionen ($V_{r_1} \ldots V_{r_n}$) produzieren *können*, die Teil einer zielgerichteten Reaktionskette sind (vgl. Abbildung 11).[5]

---

[1] Vgl. Hansen, U., Schulze, H.S. (1990), S. 5f. Für einen Überblick über sozialpsychologische Theorien der Interaktion vgl. Müller, G.F. (1985), S. 6ff.
[2] Vgl. Hansen, U., Schulze, H.S. (1990), S. 5f; Kern, E. (1990), S. 17.
[3] Für ein derartiges Anliegen vgl. Müller, G.F. (1983,1985).
[4] Vgl. Jones, E.E., Gerard, H.B. (1967).
[5] Vgl. hierzu und zum Folgenden Engels, A., Timaeus, E. (1983), S. 371; Müller, G.F. (1983), S. 657ff.

3 Leistungsbestandteile des Beratungsprozesses

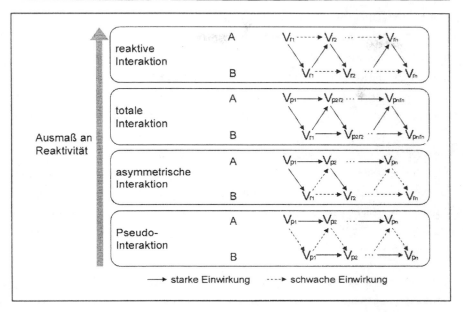

Abbildung 11: Formen der Interaktion (Quelle: Müller, G.F. (1983). S. 658)

Verfolgen beide Interaktionspartner ihre eigenen Ziele und beeinflussen sich dabei nur schwach, liegt eine **Pseudointeraktion** vor. Eine solche Form der Interaktion tritt häufig bei ritualisierten Verkaufsituationen auf, wie etwa am Fahrkartenschalter.[1] Handelt eine Person A zielgerichtet und wirkt somit stark beeinflussend auf eine Person B ein, die wiederum nur reagiert und kaum Einfluss auf A hat, so spricht man von einer **asymmetrischen Interaktion**. Diese hat Befehlscharakter und tritt beim persönlichen Verkauf in reinen Bediensituation („Geben Sie mir bitte...") auf. Bei der **totalen Interaktion** möchten zwar beide Partner bestimmte Handlungsabsichten verwirklichen, stimmen ihre Reaktionen aber auf den anderen ab ($V_{p_2 r_2}$ ... $V_{p_n r_n}$). Insbesondere gemeinsame Problemlösungen zählen zu dieser Interaktionsform. Bei den **reaktiven Interaktionen** verhalten sich beide Partner relativ spontan, verfolgen keine Handlungsabsichten und orientieren ihr Verhalten an den Reaktionen des anderen. Ein typisches Auftreten solcher Interaktionsformen ist der „small talk", aber auch sehr emotionsgeladene Gespräche, bei denen „ein Wort das andere gibt".

---

[1] Vgl. hierzu und im Folgenden Nerdinger, F. (2001), S. 161ff; Müller, G.F. (1983), S. 657ff.

Die beschriebenen Interaktionsformen haben einen idealtypischen Charakter. Dennoch können sie dazu dienen, Hinweise für das interaktionale Verhalten des Verkäufers in einer Produktberatung zu erhalten. Zunächst ist davon auszugehen, dass der Kunde mit der Interaktion Handlungsabsichten verfolgt: Er möchte seine Unsicherheit bzgl. der Kaufentscheidung ausräumen bzw. senken. Er erwartet vom Verkäufer, dass dieser zumindest auf diese Handlungsabsicht reagiert (asymmetrische Interaktion). Dies entspräche einem reinen Abrufen von Informationen. Anders ausgedrückt bedeutet dies, dass der Verkäufer nur Informationen abgibt, ohne aktiv auf den Kunden einzugehen. Eine solche Interaktionsform wäre bspw. bei einem Suchproblem adäquat, bei dem der Verkäufer lediglich Informationen über existente Produktalternativen und deren Eigenschaften weitergibt, oder wenn der Kunde nur ganz gezielte Fragen hat, deren Beantwortung für den Verkäufer ohne weiteres möglich ist.

Soll jedoch eine Beratung – und somit auch Beratungsqualität – nach dem hier vorliegenden Begriffsverständnis vorliegen, so muss der Verkäufer versuchen, das Problem des Kunden zu verstehen und individuell darauf einzugehen. Dies bedeutet, dass mit dem Verstehen des Kundenproblems eine Handlungsabsicht des Verkäufers vorliegt. Der Verkäufer muss also auf die Handlungen des Kunden reagieren und selbst auch agieren (totale Interaktion). Das muss auch vom Kunden so wahrgenommen werden, worauf im weiteren Verlauf noch einzugehen sein wird.

3.2 Aufnahme von Sachinhalten zur Problemlösung bei der Produktberatung

Nachdem die allgemeinen Grundlagen der Informationsaufnahme in Kap. C3.1 kurz erläutert wurden, wird im Folgenden der Informationsaustausch in Produktberatungen dargestellt. Die Ausführungen dienen dazu, Leistungsbestandteile des Beratungsprozesses aufzudecken, die das prozessuale Ergebnis der Produktberatung und damit auch die Produktberatungsqualität beeinflussen. Da das Lösen des Kaufentscheidungsproblems des Kunden im Vordergrund steht, sind zunächst die Informationen zu betrachten, die auf der Sachebene zur Lösung beitragen können.

3.2.1 Informationsbedarf

Der Kunde sucht Informationen, die seine Unsicherheit reduzieren und ihn somit zum Fällen der Kaufentscheidung befähigen. Er versucht also, durch die Produktberatung seinen Informationsbedarf zu decken. Das Zustandekommen dieses Informationsbedarfs kann auf motivationale und kognitive Faktoren zurückgeführt werden, wie etwa das Streben nach Risikoreduktion oder Sicherheit.[1] Dabei ist es allerdings unerheblich, welche Informationen er **objektiv** zur Entscheidung benötigen würde. Vielmehr kommt es darauf an, welche Informationen der Kunde selbst zum Treffen der Kaufentscheidung für notwendig hält (**subjektiver Informationsbedarf**).[2] Der Verkäufer muss aber damit rechnen, dass der Kunde nicht in der Lage ist, seinen genauen Informationsbedarf zu artikulieren. Es ist dann die Aufgabe des Verkäufers, den Informationsbedarf des Konsumenten zu erkennen. Nach RAFFÉE und SILBERER ist aber der Informationsbedarf, der nicht selbst vom Konsumenten geäußert wird, als objektiver Informationsbedarf zu interpretieren. Demgegenüber steht jedoch die Tatsache, dass der Kunde die Produktberatung bewusst in Anspruch nimmt, um Informationen zu erlangen: Er äußert zumindest implizit, dass ein *grundsätzlicher* Informationsbedarf vorhanden ist. Durch die Art des Kaufentscheidungsproblems äußert der Kunde, wo bei ihm Wissensdefizite bestehen und damit implizit seinen *spezifischen* Informationsbedarf. Es kann aber nicht sein, dass ein Informationsbedarf anhand der *Direktheit* seiner Kommunikation klassifiziert wird. Deshalb kann hier der in der Produktberatung vom Verkäufer hergeleitete Informationsbedarf ebenso als ein subjektiver Informationsbedarf des Kunden interpretiert werden.

Wie in Kap. 2 bereits geschildert, lassen sich Kaufentscheidungsprobleme auf entsprechende Unsicherheiten bzgl. bestimmter Wissensinhalte zurückführen. Die Informationen, die dem Kunden vermeintlich fehlen, um diese Wissenslücken zu schließen, entsprechen seinem Informationsbedarf. Wird dieser befriedigt, so ist zu vermuten, dass sich dies auf die Lösung entsprechender Teilprobleme positiv auswirkt:

V_{P1}: *Zielinformationen beeinflussen das Lösen von Zielproblemen positiv.*

V_{P2}: *Suchinformationen beeinflussen das Lösen von Suchproblemen positiv.*

---

[1] Vgl. zum Entstehen und zur Wahrnehmung des subjektiven Informationsbedarfs Raffée, H., Silberer, G. (1975), S. 12ff. und die dort angegebene Literatur.
[2] Vgl. zum subjektiven und objektiven Informationsbedarf Raffée, H., Silberer, G. (1975), S. 5ff.

V_{P3}: *Auswahlinformationen beeinflussen das Lösen von Auswahlproblemen positiv.*

Allerdings können nicht alle Unsicherheiten des Kunden durch das Ergänzen fehlenden Produktwissens ausgeglichen werden. Neben der Unsicherheit, die der Kunde durch dieses fehlende oder unsichere Wissen verspürt, kann er auch Unsicherheit bzgl. seiner herangezogenen Auswahl- und Bewertungsalgorithmen verspüren. Dies bezieht sich auf das Festlegen von Konsumzielen und auf die Bewertung der einzelnen Produktalternativen.[1]

Das Festlegen der Konsumziele erfolgt in erster Linie durch den Kunden, der diese Ziele in Abhängigkeit seiner Bedürfnisse definiert. Ob aber bestimmte angestrebte Konsumziele tatsächlich zur Befriedigung höherer persönlicher Ziele dienen können, kann er in der Regel nur unter Unsicherheit feststellen. Zum Teil ist davon auch die Bewertung einzelner Produktalternativen abhängig: So liefert der Verkäufer durch Auswahlinformationen zwar Hinweise darauf, welches Produkt wie zum Erfüllen der Konsumziele beitragen kann, aber beim Vergleich und beim Bilden der Präferenzen unterliegt der Kunde erneut Unsicherheiten. Hier sei davon ausgegangen, dass aufgrund der Expertise, die sich ein Kunde von einem Berater erhofft, er erwartet, dass der Verkäufer ihm auch diese Unsicherheit nimmt, etwa durch das Empfehlen einer Produktalternative oder durch das Überprüfen der Entscheidungslogik des Kunden. Solche Informationen werden hier **Hilfsinformationen** genannt, da sie eine Bewertung des Verkäufers enthalten und den Kunden beim Festlegen seiner Bewertungsfunktionen unterstützen. Hilfsinformationen wirken sich dabei positiv auf die Zielproblemlösung und die Auswahlproblemlösung aus:

V_{P4a}: *Hilfsinformationen beeinflussen das Lösen von Zielproblemen positiv.*

V_{P4b}: *Hilfsinformationen beeinflussen das Lösen von Auswahlproblemen positiv.*

---

[1] Vgl. Kap. B2.2.1.2.

3.2.2 Moderierende Effekte des Kaufentscheidungsproblems

Dem Konsumenten wird unterstellt, dass er seine Informationssuche und -aufnahme kosten-nutzen-theoretischen Überlegungen unterwirft. So ist der Konsument bestrebt, die Informationen aufzunehmen, die ihm helfen, Entscheidungsrisiken abzubauen und eine subjektiv gute Entscheidung zu treffen. Bei der Informationssuche entstehen beim Konsumenten dabei sowohl physische wie auch psychische Kosten.[1] Physische Kosten ergeben sich hauptsächlich durch monetäre Opfer, aber auch durch Zeitverluste. Psychische Kosten ergeben sich vor allem dadurch, dass eine sehr große Informationsvielfalt aufgenommen werden muss.[2] Der Konsument ist somit bestrebt, Informationen aufzunehmen, die ihm in Hinblick auf das Entscheidungsproblem Nutzen stiften, und solche Informationen zu meiden, die für ihn irrelevant sind und somit lediglich Kosten erzeugen.

Daraus lässt sich folgern, dass der Kunde hauptsächlich die Informationen aufnehmen möchte, die er zur Problemlösung benötigt. Die Informationen, die sich hierfür am ehesten eignen, wirken stärker auf das Qualitätserleben, als die, die ungeeignet sind für die Problemlösung. Das Aufnehmen dieser Informationen wirkt sich jedoch nicht direkt auf das Qualitätserleben aus. Vielmehr ist hier ein *indirekter* Wirkungszusammenhang zu vermuten, der damit zu begründen ist, dass diese Informationen nach dem hier vorliegenden Ansatz sich nur auf das Qualitätserleben auswirken, wenn sie auch zur Lösung eines Teilproblems beitragen. Dieser Sachverhalt wird in den folgenden Vermutungen verdeutlicht:

V_{m2a}: *Bei einem Zielproblem wirken sich Ziel- und Hilfsinformationen stärker indirekt positiv auf die Produktberatungsqualität aus als Such- und Auswahlinformationen.*

V_{m2b}: *Bei einem Suchproblem wirken sich Suchinformationen stärker indirekt positiv auf die Produktberatungsqualität aus als Ziel-, Auswahl- und Hilfsinformationen.*

---

[1] Vgl. Kuhlmann, E. (1990), S. 95.
[2] So standen am 17. Mai 2004 in einem großen deutschen Online-Shop 273 alternative Digitalkameras zur Verfügung.

V_{m2c}: *Bei einem Auswahlproblem wirken sich Auswahl- und Hilfsinformationen stärker indirekt positiv auf die Produktberatungsqualität aus als Ziel- und Suchinformationen.*

3.3 Akzeptanzfördernde Kommunikation

Wie oben bereits beschrieben, ist das Verstehen von Informationen nur eine notwendige Bedingung für die weitere Verarbeitung. Als hinreichende Bedingung tritt hinzu, dass der Empfänger der Informationen diese auch akzeptiert. Unter der **Akzeptanz** von Informationen wird hier deren **Glaubhaftigkeit**, also das „für-Wahr-Halten" dieser Informationen verstanden.[1] Insbesondere in Situationen wie der Produktberatung im Rahmen des persönlichen Verkaufs ist der Kunde aber in einer Situation, in der er davon ausgehen muss, dass der Verkäufer einen Informationsvorteil ausspielen kann. Er ist daher auf Hinweise für die Glaubhaftigkeit der Informationen des Verkäufers angewiesen. Die ersten Hinweise hierfür ergeben sich bereits beim Versuch, die Informationen zu verstehen.

3.3.1 Verstehen von Informationen

Damit die Informationen des Verkäufers als nutzbringend bewertet werden, ist es wichtig, dass die Informationen vom Kunden auch verstanden werden. Darüber hinaus beeinflusst die Verständlichkeit auch die Glaubwürdigkeit der Informationen.[2] Denn können Informationen nicht interpretiert werden, kann sich der Kunde auch kein Urteil darüber bilden, ob diese Informationen der Wahrheit entsprechen.

Obwohl oben bereits kurz auf den Vorgang des Interpretierens eingegangen wurde, soll dieser hier differenzierter betrachtet werden. Hierfür eignet sich die Schematheorie, die davon ausgeht, dass Wissen in Form von Schemata gespeichert ist. **Schemata** repräsentieren das erworbene *verallgemeinerbare* und *abstrakte* Wissen einer Person.[3] Dabei können sich Schemata auf Personen (Selbstschemata, Personenschemata), Sachverhalte und Ereignisse (Skripte) beziehen.[4] Schemata

---

[1] Vgl. Steffenhagen, H. (1984), S. 94.
[2] Vgl. Eisend, M. (2003), S. 111.
[3] Vgl. Seel, N.M. (2000), S. 52.
[4] Vgl. Kroeber-Riel, W., Weinberg, P. (2003), S. 233; Nerdinger, F.W. (2001), S. 29.

zeichnen sich durch folgende Eigenschaften aus:[1] Sie umfassen verschiedene Variablen, die unterschiedliche Werte annehmen können und Merkmale des betrachteten Gegenstandsbereiches wiedergeben. Schemata beziehen sich auf unterschiedliche Abstraktionsebenen und sind hierarchisch geordnet. So schränken abstraktere Schemata die ihnen in der Hierarchie untergeordneten Schemata bzgl. ihrer Reichweite ein und vererben gleichzeitig Merkmale weiter.

Eine solche Schematheorie steht nicht im Gegensatz zu dem oben beschriebenen Abbilden des Wissens in assoziativen Netzwerken. Vielmehr stellen beide Ansätze sich ergänzende Sichtweisen des gleichen Sachverhalts dar. So stellen Schemata Ausschnitte aus einem Gesamtnetzwerk des Wissens dar.[2] GRUNERT vereint bspw. diese beiden Ansätze, indem er das assoziative Netzwerk in mehrere Ebenen unterteilt, was dem Gedanken einer schematischen Speicherung des Wissens stark ähnelt.[3]

Wenn neue Informationen einem solchen Schema leicht zugeordnet werden können, und sie – bildlich gesprochen – einen leeren Speicherplatz in einem Schema belegen können, so fällt dem Empfänger der Prozess des Interpretierens der Information leicht.[4] Kann eine solche Information nicht zugeordnet werden, so kann der Empfänger dieser Information diese ignorieren, oder er muss seine bisherigen Schemata umordnen.[5] Im ersten Fall wäre die Information für den Kunden nutzlos. Im zweiten Fall würde es dem Kunden schwer fallen, die Information zu verarbeiten, was höhere Kosten der Informationsverarbeitung verursacht. In beiden Fällen wird der Kunde das Nicht-Verstehen darauf zurückführen, dass der Verkäufer auf die vorhandenen Kenntnisse und das vorhandene Wissen des Kunden keine Rücksicht genommen hat.[6] Dies wiederum lässt den Kunden befürchten, dass der Verkäufer nicht auf den Kunden eingehen will und wird, sondern seine eigenen Ziele verfolgt, sich also opportunistisch verhält, was dazu führen kann, dass der Kunde die Informationen des Verkäufers nicht akzeptiert.

---

[1] Vgl. Seel, N.M. (2000), S. 52ff. und die dort angegebene Literatur.
[2] Vgl. Anderson, J.R. (2000), S. 167; Seel, N.M. (2000), S. 49f.
[3] Vgl. Grunert, K.G. (1982), S. 32ff.
[4] Vgl. Bless, H., Schwarz, N. (2002), S. 264.
[5] Vgl. Bless, H., Schwarz, N. (2002), S. 268f und 272f.
[6] Vgl. Grikscheit, G.M., Cash, H.C., Young, C.E. (1993), S. 48.

Ein besonderer Fall tritt auf, wenn Informationen zwar bestimmten Schemata zugeordnet werden können, aber nicht mit den bestehenden Inhalten übereinstimmen. In diesem Fall kann dies bei dem Empfänger der Information eine kognitive Inkonsistenz (kognitive Dissonanz) auslösen.[1] Als Resultat einer solchen Dissonanz kann der Empfänger die Informationen uminterpretieren oder für falsch erklären.[2] Geht er allerdings davon aus, dass diese dissonante Information ihm für den weiteren Entscheidungsverlauf nützlich sein könnte, kann er diese Information dennoch aufnehmen und das zuvor Gespeicherte verwerfen. Möchte der Verkäufer kognitive Dissonanzen beim Kunden vermeiden, so muss er sich über die Kenntnisse und Meinungen des Kunden im Klaren sein.

3.3.2 Anführen von Beweisen zur Vertrauensförderung

Ein Indiz darauf, dass sich der Verkäufer nicht opportunistisch verhält, ist die Glaubwürdigkeit seiner Information.[3] Die Bedeutung der Glaubwürdigkeit lässt sich – ebenso wie das Berücksichtigen der Kenntnisse des Kunden über die Theorie der kognitiven Dissonanz erklären: Ist sich der Kunde nicht sicher, dass die erhaltenen Informationen der Wirklichkeit entsprechen, also wahr sind, antizipiert der Kunde, dass die in Zukunft – z.B. durch den Gebrauch des erworbenen Gutes – aufzunehmenden Informationen nicht mit denen des Verkäufers konsistent sind und empfindet bereits im Vorfeld eine kognitive Dissonanz mit den bereits beschriebenen möglichen Folgen.

Die Glaubwürdigkeit einer Information hängt u.a. davon ab, ob deren Inhalt für den Kunden nachprüfbar ist.[4] Dieser Umstand legt es nahe, auch für die Informationen, die der Verkäufer zur Problemlösung an den Kunden weitergibt, den informationsökonomischen Begriff der Qualitätsunsicherheit auf die Qualität von Informationen auszuweiten. Neben der Qualitätsunsicherheit, die der Kunde hinsichtlich der

---

[1] Vg. Dedler, K., Gottschalk, I., Grunert, K.G. u.a. (1984), S. 31f.; Frey, D. (1981), S. 31f.; Festinger, L. (1957), S. 12f. Über die Anwendung des Konstrukts der kognitiven Dissonanz auf Prozesse vor der Kaufentscheidung vgl. Frey, D. (1981), S. 29ff.
[2] Vgl. Ahluwalia, R. (2000), S. 218.
[3] Im Folgenden sollen die Begriffe Sachinhalt und Information synonym verwendet werden, um einerseits die Konsistenz zu den vorherigen Ausführungen zu wahren, bei denen unter Informationen immer der Sachinhalt verstanden wurde, zum anderen zur besseren Lesbarkeit des Textes.
[4] Vgl. B2.3.2.2.

Produkte empfindet, unterliegt der Kunde auch einer Qualitätsunsicherheit bzgl. der Beratungsleistung. In diesem besonderen Fall ergibt sich nicht nur eine Informationsasymmetrie zugunsten der Hersteller der Produktalternativen, sondern auch zugunsten des Verkäufers. Unter anderem kann der Verkäufer durch **Beweise** seine Informationen belegen. Er versucht also, den Wahrheitsgehalt seiner Informationen anhand von Indizien zu belegen.

Informationen über Einsatzmöglichkeiten und/oder negative Konsequenzen von Produkten einer Produktklasse (**Zielinformationen**) lassen sich durch Heranziehen von Beweismaterial wie bspw. Verweise auf Kunden, die dieses Produkt auch für diesen Zweck einsetzen, oder Fachmagazine zumindest zum Teil nachweisen. Notwendigerweise darf der Kunde keine Vorbehalte gegen die Richtigkeit der herangezogenen Beweismittel haben. Ist die Glaubwürdigkeit der Beweisquelle selbst auch zweifelhaft, weisen empirische Untersuchungen darauf hin, dass sich dies glaubwürdigkeitsmindernd auswirken kann.[1]

Existenzinformationen lassen sich in der Beratungssituation unmittelbar überprüfen. Einer Überprüfung entzieht sich aber die Vollständigkeit dieser Informationen. Ein Hinweis darauf könnte darin gesehen werden, dass der Verkäufer auch Produktalternativen nennt, die er selber nicht führt. Bei Informationen, die sich auf die Beschaffenheit der Alternativen beziehen, kann der Verkäufer der Unglaubwürdigkeit durch Hinzuziehen von Beweismaterial entgegenwirken. Insbesondere die Wirkung neutraler – also nicht herstellerkontrollierter - Testinformationen (z.B. Zeitschriften wie Stiftung Warentest, oder Produkttests in anderen Fachzeitschriften) sind in diesem Zusammenhang Gegenstand empirischer Forschung. So konnte ein positiver Einfluss dieser Informationen für die Unsicherheitsreduktion nachgewiesen werden.[2] Der Einsatz dieser Medien führt natürlich nur zur Glaubwürdigkeit, wenn sich die Informationen in diesen Medien mit den Informationen des Verkäufers decken. Darüber hinaus kann der Verkäufer Eigenschaftsinformationen, die sich auf Erfahrungseigenschaften beziehen, teilweise auch durch Vorführen nachweisen.

---

[1] Vgl. Eisend, M. (2003), S. 113.
[2] Vgl. Katz, R. (1983), S. 133f.

Auswahlinformationen lassen sich durch den Kunden in der Beratungssituation nicht überprüfen, da sie auf dem persönlichen Wertesystem des Kunden basieren. Je nach Anspruchsniveau wird der Konsument diese Informationen auch nach der Produktberatung – zumindest teilweise – nicht nachprüfen können. Häufig bleibt die Frage ungeklärt, ob nicht eine andere Produktalternative den Zielen des Kunden besser entsprochen hätte. Der Kunde kann allerdings erfahren, ob das Produkt seinen Zielen zumindest zufrieden stellend entspricht. Auch hier kann der Verkäufer durch Verweise auf weitere Informationsquellen seine Glaubwürdigkeit erhöhen. Es bieten sich Verweise auf Testzeitschriften an, die die Geräte für bestimmte Verwendungszwecke getestet haben. Darüber hinaus kann der Verkäufer auch auf Erfahrungen anderer Kunden verweisen.[1] Problematisch bei solchen Verweisen erscheint die Tatsache, dass solche Erfahrungen nicht nachprüfbar sind. Daher muss davon ausgegangen werden dass ein solcher Verweis nur eine Wirkung erzielen kann, wenn der Verkäufer selbst als glaubwürdig erscheint. Verweise auf „Beweisquellen" können somit die Glaubwürdigkeit des Verkäufers nur erhöhen, wenn der Verkäufer bereits als glaubwürdig erscheint.[2] Erscheint der Verkäufer jedoch als wenig glaubwürdig, so werden solche Verweise keinen bzw. nur einen sehr geringen Effekt auf die Glaubwürdigkeit haben. Teilweise können solche Informationen auch durch das Vorführen von Produkten belegt werden; nämlich dann, wenn dadurch gezeigt werden kann, dass Alternative A besser zum Erreichen eines oder mehrerer Ziele geeignet ist als Alternative B. Ähnliches gilt auch für **Hilfsinformationen**.

So kann zusammenfassend festgehalten werden, dass sich einige Informationen durch den Verkäufer belegen lassen, was dazu führen wird, dass der Kunde nicht befürchten muss, dass diese Informationen in opportunistischer Weise durch den Verkäufer verzerrt wurden:

V_{P5}: *Das Beweisen von Informationen beeinflusst das Vertrauen positiv.*

Allerdings gestaltet sich ein solcher Nachweis deutlich schwieriger, wenn nicht sogar unmöglich, wenn es um die Vollständigkeit der vom Verkäufer weitergegebenen Ziel- oder Auswahlinformationen geht. Ebenso wird ein Nachweis schwierig sein, wenn die

---

[1] Vgl. Becker, W. (1999), S. 21.
[2] Vgl. Eisend, M. (2003), S. 112 und die dort angegebene Literatur.

Informationen sich auf das Wertesystem des Kunden beziehen. In dem Fall, dass der Verkäufer seine Informationen nicht belegen kann, muss er versuchen, den Kunden davon zu überzeugen, dass die Informationen „nach bestem Wissen und Gewissen" richtig wiedergegeben werden. Er muss also Hinweise für nicht-opportunistisches Verhalten liefern.

3.3.3 Hinweise auf nicht-opportunistisches Verhalten

Als Hinweis auf nicht-opportunistisches Verhalten wird es nicht ausreichen, wenn der Verkäufer auf der Sachinhaltsebene kommuniziert, dass er als vertrauenswürdig anzusehen sei. Eine solche Sachinformation wird vom Kunden vor allem dann nicht akzeptiert werden, wenn sie durch Kommunikationsinhalte der anderen Ebenen der Kommunikation nicht gestützt wird. Dabei stellt sich die Frage, welche kommunikativen Maßnahmen nicht-opportunistisches Verhalten signalisieren. So kann davon ausgegangen werden, dass ein zu starker Aufforderungsdruck und Interessengebundenheit des Verkäufers beim Kunden vertrauensmindernd wirkt. Auf der anderen Seite wird das kommunizierte Interesse des Verkäufers an den Zielen des Kunden vertrauensfördernd wirken. Ein solches Interesse kann durch **aktives Zuhören** kommuniziert werden.

3.3.3.1 Aktives Zuhören

Zuhören bildet die Grundlage der Diagnose der Kaufmotive des Kunden.[1] Allerdings bedeutet aktives Zuhören nicht das bloße Hören von Äußerungen; vielmehr erfordert es, das Interesse an dem Gesagten des Gesprächspartners kommunikativ sowohl verbal als auch nonverbal zum Ausdruck zu bringen.[2] Neben dieser Form der Selbstoffenbarung gehört zum aktiven Zuhören aber auch eine Appell-Komponente: der Gesprächspartner soll noch mehr von sich preisgeben, um noch besser auf ihn eingehen zu können.[3] Diese Form des Zuhörens beinhaltet drei Komponenten:[4]

---

[1] Vgl. Nerdinger, F. (2001), S. 207.
[2] Vgl. Castleberry, S.B., Shepherd, C.D. (1993), S. 36; Grikscheit, G.M., Cash, H.C., Young, C.E. (1993), S. 57.
[3] Vgl. Grikscheit, G.M., Cash, H.C., Young, C.E. (1993), S. 58.
[4] Vgl. hierzu und im Folgenden Ramsey, R.P., Sohi, R.S. (1997), S. 128; Comer, L.B., Drollinger, T. (1999), S. 16f. sowie die dort angegebene Literatur.

Aufmerksamkeit

Um die Botschaften des Kunden aufnehmen zu können, erfordert es seitens des Verkäufers eine erhöhte Aufmerksamkeit. Der Kunde nimmt wahr, ob ein Verkäufer seinen Botschaften Aufmerksamkeit schenkt. Insbesondere nonverbale Reize des Verkäufers wie das Halten des Augenkontakts, die Mimik und Gestik usw. spielen hierbei eine wichtige Rolle.

Kognitives Auseinandersetzen

Neben dem Wahrnehmen erwartet der Kunde auch, dass sich der Verkäufer mit den Botschaften des Kunden kognitiv auseinandersetzt. Aus Sicht des Kunden gibt es auch hierfür verschiedene Hinweisreize: Der Verkäufer unterbricht den Kunden nicht, er wechselt nicht das Thema er fragt themenbezogen nach.

Antworten

Durch Antworten wird die Kommunikation aufrechterhalten. Das Antwortverhalten dient dem Informationsaustausch und der Kontrolle des Gesprächsverlaufs. Ein aktives Antwortverhalten zeigt sich an der zeitlichen und inhaltlichen Angemessenheit, sowie der Form der Antworten (z.B. ganze Sätze, nicht lediglich ja/ nein-Antworten). Darüber hinaus sollten die Antworten auch den Kenntnissen des Kunden angepasst sein.[1]

Das aktive Zuhören des Verkäufers ist eine notwendige Voraussetzung für bewusst nicht-opportunistisches Verhalten: Der Verkäufer kann nur auf die Ziele des Kunden Rücksicht nehmen, wenn er diese auch kennt. So konnten RAMSEY und SOHI einen Zusammenhang zwischen Zuhören und Vertrauen in den Verkäufer bestätigen.

3.3.3.2 Vertrauensmindernde Appelle in der Produktberatung

Versucht der Verkäufer das Verkaufsgespräch zu kontrollieren, etwa indem er den Kunden versucht zu bedrängen, so kann dies Reaktanz beim Kunden auslösen.[2] Ein solches Bedrängen hat immer Appell-Charakter, da dem Kunden ja vorgeschrieben werden soll, was er zu tun hat. Reaktanz kann dabei als motivationaler Spannungs-

---

[1] Vgl. C3.3.1.
[2] Vgl. Wiswede, G. (1979), S. 107.

zustand verstanden werden, der darauf gerichtet ist, sich einer drohenden Einengung zu widersetzen oder „nach erfolgter Einengung den ursprünglichen Verhaltensspielraum wiederzugewinnen" [1]. Reaktanz ist somit Folge eines drohenden bzw. manifesten Kontrollverlustes. Kennzeichnend für diesen Kontrollverlust ist, dass dieser von außen auf das Individuum einwirkt.

Reaktanzauslöser können dabei Beeinflussungsversuche, Einschränkungen der Handlungs- bzw. Entscheidungsalternativen sein. Für die Produktberatung entspräche dies den Situationen, in denen der Verkäufer versucht, seine Interessen ohne Rücksicht auf die Interessen des Kunden durchzusetzen. Aber auch wenn der Verkäufer versucht, den Kunden unter Entscheidungsdruck zu setzen (z.B. „Sie müssen sich jetzt schon entscheiden, ich hab' schließlich noch andere Kunden", ungeduldiges Umherschauen, usw.).[2]

Im Rahmen der Reaktanztheorie werden einer Person zwei Reaktionsmöglichkeiten auf einen solchen Kontrollverlust zugesprochen: Zum einen kann sie versuchen, die Freiheit wiederherzustellen, oder sie kann versuchen, die äußere Kontrolle abzuwehren. Im Beratungsgespräch bieten sich dem Kunden daher mehrere Möglichkeiten. Eine Verhaltensstrategie wäre, das Gespräch zu beenden und so den Kontrollverlust zu umgehen. Eine weitere Möglichkeit wäre, genau das Gegenteil dessen zu tun, was der Verkäufer rät. Dieses letztere Verhalten geht natürlich damit einher, dass der Kunde dem Verkäufer ein wohlwollendes Verhalten abspricht und somit sowohl seine Vertrauens- als auch seine Glaubwürdigkeit in Frage stellt. Aus diesem Grund sollte der Verkäufer solche die Entscheidungssituation einengenden Appelle vermeiden.

3.3.3.3 Zwischenfazit

Die Kommunikation nicht-opportunistischen Verhaltens scheint ein besonders sensibler Vorgang zu sein. So wird ein solches Verhalten über fast alle Ebenen der Kommunikation zu vermitteln sein. Dementsprechend werden dem Faktor „Kommunikation nicht-opportunistischen Verhaltens" auch Elemente zugeordnet, die

---

[1] Wiswede, G. (2000), S. 87.
[2] Vgl. Becker, W. (1999), S. 26f.

sich auf alle Ebenen der Kommunikation beziehen. Er beinhaltet somit Elemente des aktiven Zuhörens aber auch des Vermeidens reaktanz-auslösender Appelle.

So können die obigen Aussagen in der Vermutung zusammengefasst werden:

V_{P6}: *Hinweise auf nicht-opportunistisches Verhalten beeinflussen das Vertrauen positiv.*

3.3.4 Moderierender Effekt des Kaufentscheidungsproblems

Wie in Kap. C3.2.2 beschrieben, ist davon auszugehen, dass die Bedeutung der zu liefernden Informationen für die Produktberatungsqualität abhängig von dem Kaufentscheidungsproblem ist. Zusätzlich wurde gezeigt, dass unterschiedliche Informationsarten unterschiedlich gut zu belegen sind. So lassen sich Suchinformationen besser belegen als Ziel-, Auswahl- und Hilfsinformationen. Dementsprechend werden auch die beiden Leistungsbestandteile „Beweisen von Sachinhalten" und „Hinweise auf nicht-opportunistisches Verhalten" einen unterschiedlichen Stellenwert für das Ausmaß des Vertrauens einnehmen. Diese Überlegung lässt sich in folgenden Vermutungen festhalten.

V_{m3a}: *Bei einem Zielproblem beeinflussen Hinweise auf nicht-opportunistisches Verhalten das Vertrauen stärker positiv als das Beweisen von Sachinhalten.*

V_{m3b}: *Bei einem Suchproblem beeinflusst das Beweisen von Sachinhalten das Vertrauen stärker als die Hinweise auf nicht-opportunistisches Verhalten.*

V_{m3c}: *Bei einem Auswahlproblem beeinflussen Hinweise auf nicht-opportunistisches Verhalten das Vertrauen stärker positiv als das Beweisen von Sachinhalten.*

3.4 Beziehung als Grundlage des Wahrnehmens von Informationen

WATZLAWIK, BEAVIN UND JACKSON betonen die Beziehungsebene in besonderem Maße, aber auch SCHULZ VON THUN spricht dieser Ebene der Kommunikation eine besondere Bedeutung zu.[1] Diese Ebene beeinflusst die wahrgenommenen Botschaften auf der Selbstoffenbarungs-, der Appell- und der Sachinhaltsebene und wirkt sich somit auf alle kommunizierten Inhalte aus. Die Art und Weise, mit der der Verkäufer versucht, diese Beziehungsebene zu prägen, wird hier als Interaktionsstil bezeichnet. Der Einfluss des Interaktionsstils soll in folgenden Vermutungen festgehalten werden:

Der Interaktionsstil des Verkäufers hat einen Einfluss auf das Wahrnehmen

V_{P7a}: *der Zielinformationen,*

V_{P7b}: *der Suchinformationen,*

V_{P7c}: *der Auswahlinformationen,*

V_{P7d}: *der Hilfsinformationen,*

V_{P7e}: *des Beweisens von Sachinhalten und*

V_{P7f}: *der Hinweise auf nicht-opportunistisches Verhalten.*

Um die Interaktionen zwischen zwei Personen und die damit verbundenen Interaktionsprozesse besser zu verstehen und mögliche Formen des Interaktionsstils des Verkäufers ableiten zu können, die sich auf die Produktberatungsqualität indirekt auswirken, kann im Folgenden auf die Transaktionsanalyse (TA) zurückgegriffen werden.[2] Die TA ist ein theoretischer Ansatz der Einzel- und Gruppenpsychotherapie, der auf BERNE (1961) zurückgeht.[3] Die TA stellt keine eigenständige Theorie dar; vielmehr verbindet sie unterschiedliche Theorien aus dem Bereich der Psychoanalyse und der Humanistischen Psychologie.[4] Die Analyse der Transaktion bzw. Interaktion[5] basiert dabei auf unterschiedlichen Analyse-Methoden, wobei im

---

[1] Vgl. Nerdinger, F.W. (2001), S. 198.
[2] Vgl. Nerdinger, F.W. (2001), S. 166; Grund, M.A. (1998), S. 126.
[3] Vgl. Berne, E. (1961).
[4] Vgl. Hansen, U., Schulze, H.S. (1990), S. 7.
[5] Die Begriffe Transaktion und Interaktion können hier synonym aufgefasst werden. Um aber in der Terminologie der Transaktionsanalyse zu bleiben, sei im weiteren der Terminus der Transaktion verwendet.

Rahmen dieser Arbeit lediglich auf die Strukturanalyse und die Analyse von Transaktionen im engeren Sinne eingegangen werden muss:[1]

Strukturanalyse

Die Strukturanalyse bildet die Grundlage der TA und beschäftigt sich mit der Struktur der Persönlichkeit. Es wird angenommen, dass jede Person drei Ich-Zustände hat, die insgesamt diese Person ausmachen: das Eltern-Ich, das Erwachsenen-Ich und das Kind-Ich. Während das **Eltern-Ich** das Wertesystem des Menschen mit Normen und Werten, Ge- und Verboten enthält und dementsprechend fürsorglich (*fürsorgliches Eltern-Ich*) oder kritisch (*kritisches Eltern-Ich*) ausfallen kann, erfasst das **Erwachsenen-Ich** die Realität abwägend, autonom und vernünftig. Auch das **Kind-Ich** kann sich in unterschiedlichen Facetten äußern: im Falle des *natürlichen Kind-Ich* werden Spontanreaktionen geäußert – frei, unkontrolliert und unzensiert. Das Verhalten des *angepassten Kind-Ich*, wird durch den Einfluss des Eltern-Ich modifiziert. Es kann sich sowohl passiv, leidend als auch trotzig, schmollend verhalten.

Die drei Ich-Zustände sind nicht als theoretische Konstrukte sondern als *phänomenologische Realitäten* zu interpretieren, die sowohl in Form von verbalen als auch nonverbalen Äußerungen und spezifischen Interaktionsformen auftreten. Als Hilfe zur Diagnose der Ich-Struktur kann auf die Tabelle zur Verhaltensdiagnose der Persönlichkeitsstruktur zurückgegriffen werden (vgl.Tabelle 1).

---

[1] Vgl. hierzu und im Folgenden, sowie zu einem umfassenderen Überblick über die TA Nerdinger, F.W. (2001), S. 166ff.; Hansen, U., Schulze, H.S. (1990), S. 8ff. und die dort angegebene Literatur.

3 Leistungsbestandteile des Beratungsprozesses

	fürsorgliches Eltern-Ich	kritisches Eltern-Ich	Erwachsenen-Ich	angepasstes Kind-Ich	natürliches Kind-Ich
Vokabular	schön gut hübsch macht nichts großartig kann ich helfen	Unsinn kindisch hätte muss immer lächerlich Du sollst nie... Dass du nie...	Was? Wie? Warum? Wer? Wo? Ist es möglich? Auf welche Weise? relativierende Ausdrucksweise	kann nicht wünschen hoffen versuchen bitte, danke Ich gewinne nie Ich bin ein Pechvogel	toll Spaß will (nicht) Hallo Aua! Mist! Mensch (Modewörter)
Artikulation	tröstend besorgt liebevoll gewährend aufmunternd beschwichtigend	herablassend kritisch anklagend abkanzelnd streng nachdrücklich seufzend	sachlich ruhig gleichmäßig überlegend leidenschaftslos manchmal mühsam formulierend	demütig quengelnd übermütig trotzig zerknirscht	laut frei aufgeweckt
Mimik	herzlich gütig verständnisvoll glücklich bekümmert	autoritär missbilligend starr beurteilend gerunzelte Stirn vorgeschobenes Kinn	angespannt nachdenklich aufmerksam offen ruhiger Blickkontakt	schmollend offener Mund traurig erregt niedergeschlagene Augen	feuchte Augen ungehemmt locker rot angelaufenes Gesicht
Gestik	umarmen offene, ausgestreckte Arme auf die Schulter klopfen Arm um die Schulter legen freundliches Zunicken	sich ans Kinn fassen mit dem Zeigefinger deuten Arme vor der Brust verschränken Hände in die Hüfte stemmen	entspannt aufrechte Haltung sich nach vorn lehnen häufiges Wechseln der Blickrichtung und des Körpers	zurückhaltend schmollend herab hängende Schultern gebeugter Kopf mit den Achseln zucken	ausgelassen tanzen springen laufen spielerisch frei
allgemeine Anzeichen	Güte und Besorgnis	Verschlossenheit gegenüber Neuem	nachdenklich empfindsam aufgeschlossen		Gefühle werden gezeigt und geweckt

Tabelle 1: Tabelle zur Verhaltensdiagnose der Persönlichkeitsstruktur (Quelle: Hansen, U.; Schulze, H.S. (1990), S. 9)

Analyse von Transaktionen (i.e.S.)

Ausgehend von einem der Ich-Zustände erfolgt verbale und/oder nonverbale Kommunikation als Stimulus, der eine Reaktion einer der Ich-Zustände der Kommunikationspartner hervorruft. Die Transaktionen werden nach der Beteiligung der verschiedenen Ich-Zustände unterschieden, um daraus Kommunikationsregeln abzuleiten.

a) *Parallel-Transaktionen*

Antwortet eine Person aus dem Ich-Zustand, an den sie angesprochen wird und richtet sich dabei an den Ich-Zustand, aus dem sie angesprochen wurde, findet eine Parallel- bzw. Komplementärtransaktion statt. Graphisch wird dies durch parallel verlaufende Vektoren zwischen den Ich-Zuständen der Kommunikationspartner verdeutlicht (vgl. Abbildung 12). Die Kommunikation vollzieht sich ohne Blockierung bzw. Schwierigkeiten. Daraus lässt sich die Regel ableiten, dass Kommunikation zwischen komplementären Ich-Zuständen ablaufen sollte, um

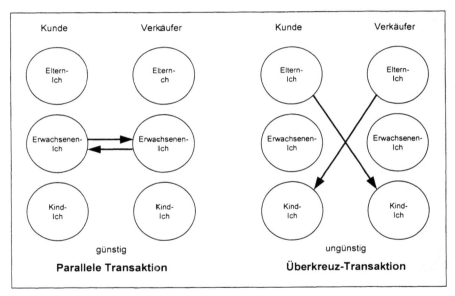

Schwierigkeiten zu vermeiden.

Abbildung 12: Beziehungen in der Transaktionsanalyse (I) (Quelle: Fließ, S. (1999), S. 538)

b) *Überkreuz-Transaktionen*

Im Falle der Kommunikation zwischen zwei Personen mit Beanspruchung unterschiedlicher Ich-Zustände spricht man von Überkreuz-Transaktionen. Die antwortende Person reagiert mit einem anderen Ich-Zustand als sie angesprochen wird, d.h. auf einen Reiz folgt eine unerwartete Reaktion. Graphisch kreuzen sich die Pfeile, die die Transaktionen darstellen (vgl. Abbildung 12). Überkreuz-Transaktionen neigen zur Aufschaukelung und können als Grundform des Streits bezeichnet werden. Sie wirken sich hemmend auf die Interaktion aus und sollten daher vermieden werden.

In der Verkaufssituation kann es allerdings durchaus Situationen geben, in denen eine Überkreuz-Transaktion empfehlenswert ist. So ist vorstellbar, dass der Kunde den Verkäufer zurechtweisen will (Eltern-Ich zu Kind-Ich): „Das sollten Sie als Fachmann aber wissen!" Antwortet der Verkäufer in dieser Situation im Rahmen einer parallelen Transaktion (angepasstes Kind-Ich zu Eltern-Ich): „Tut mir leid!" (passiv, leidend) oder aber: „Weiß ich aber nicht!" (trotzig, schmollend), ist dies für den Gesprächsverlauf aber sicher nicht so günstig wie ein Durchkreuzen aus dem Erwachsenen-Ich heraus: „Ich werde dies so schnell wie möglich in Erfahrung

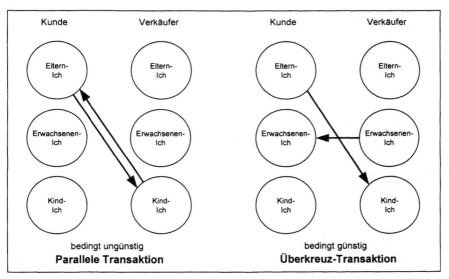

bringen!"[1] (vgl. Abbildung 13).

Abbildung 13. Beziehungen in der Transaktionsanalyse (II) (Quelle: Fließ, S. (1999), S. 538)

---

[1] Vgl. Fließ, S. (1999), S. 538.

Es kann festgehalten werden, dass die Transaktionsanalyse die besondere Bedeutung der Kommunikation aus dem Erwachsenen-Ich heraus bei der Produktberatung betont. Allerdings ist es auch durchaus denkbar, dass gerade besonders „hilflose" Kunden eine Kommunikation aus dem wohlwollenden Eltern-Ich heraus tolerieren.

4 Leistungsbestandteile der Beratungspotentiale

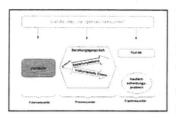

Wie bereits in Kap. C1.1.1 erwähnt, sind die wissenschaftlichen Erkenntnisse bzgl. der Potentiale bei Dienstleistungen im Allgemeinen, aber auch bei Verkaufsgesprächen im Besonderen nicht sehr gut erforscht. So fehlt eine schlüssige Theorie, die das Herleiten solcher Potentiale erlauben würde. Dies verwundert auch nicht weiter, wenn man die Effekte solcher Potentiale näher betrachtet:

Zunächst stellen diese Potentiale lediglich Leistungsversprechen dar, sie können ihre Wirkung erst bei der Leistungserstellung entfalten. Demnach dürften sie auch nur qualitätsrelevant sein, wenn diese Potentiale beim Erstellen der Leistung auch „ausgespielt" werden. So kann ein Verkäufer zwar ein ausgewiesener Experte für z.B. Digitalkameras sein, was sich nicht auf das Qualitätsurteil auswirken dürfte, wenn er dieses Expertenwissen beim Verkaufsgespräch nicht weiter vermittelt. Dass sich solche Potentiale dennoch auswirken können, auch ohne eingesetzt zu werden, lässt sich mit Hilfe der Attributionstheorie belegen. Auf diese wird zunächst eingegangen, um dann – gestützt auf Plausibilitätsüberlegungen und empirische Erkenntnisse – Leistungsbestandteile der Rahmenbedingungen abzuleiten.

4.1 Ursachenattribution

Insbesondere in der Anfangsphase einer sozialen Interaktion ist als typisch anzunehmen, dass der Kunde die Ziele und Absichten des Verkäufers als relativ intransparent empfindet, wodurch beim Kunden Unsicherheiten hervorgerufen werden.[1] In einer solchen Situation sind Kunden bestrebt, diese Unsicherheit durch Ursachenzuschreibung (**Attribution**) eigener und der Verhaltensweisen des Verkäufers zu reduzieren, wodurch die Situation transparenter und verständlicher wird.[2] Nach KELLY werden die Ursachen für ein Verhalten in den Eigenschaften einer Person oder in der

---

[1] Vgl. Müller, G.F. (1983), S. 676.
[2] Vgl. Wiswede, G. (2000), S. 82; Müller, G.F. (1982), S. 676; Lindsay, P.H., Norman, D.A. (1981), S. 469; Kelly, H.H. (1978), S. 212ff.

spezifischen Handlungssituation gesucht.[1] Darüber hinaus identifiziert er zwei unterschiedliche Attributions-Prinzipien, auf die im Folgenden kurz eingegangen wird:[2]

Dem **Kovariationsprinzip** zufolge werden bestimmte Verhaltensweisen von Personen denjenigen Ursachen aus der Menge möglicher Ursachen zugeschrieben, die sich im Zeitablauf als stabil erweisen. Daraus ließe sich für die Produktberatung folgern, dass der Kunde den Verkäufer – in seiner Rolle als Produktberater – oder die Beratungssituation über einen längeren Zeitablauf beobachten kann, um daraus Schlussfolgerungen für die aktuelle Beratungssituation zu ziehen. Diese Möglichkeit dürfte in der hier betrachteten Form der Produktberatung aber nur äußerst selten gegeben sein, weshalb dieses Prinzip nicht näher betrachtet wird.

Eben weil das Kovariationsprinzip einen hohen Aufwand erfordert, ist KELLY der Ansicht, dass ein Kunde auch auf Basis einiger weniger Beobachtungen Attributionen vornimmt (**Konfigurationsprinzip**). Die hierfür fehlenden Informationen gleicht der Kunde durch Erfahrungswerte aus, die er in ähnlichen Situationen gemacht hat. Dieses Prinzip lässt es als evident erscheinen, dass die Einstellung – verstanden als zeitlich stabile, wertende innere Haltung[3] zur Beratung – einen Einfluss auf die Attribution hat.

Aber nicht nur in der Anfangsphase der Interaktion nehmen Kunden Attributionen vor, sondern sie versuchen auch das Ergebnis der Produktberatung bestimmten Ursachen zuzuschreiben. Insbesondere negative Erlebnisse werden dabei Handlungen anderer Personen oder der Situation zugeschrieben, wohingegen positive Erlebnisse eher auf die eigenen Fähigkeiten zurückgeführt werden. Diese Annahme bedeutet, dass bei Befragungen nach dem Beratungsgespräch es nicht mehr eindeutig zu klären ist, ob entsprechende Leistungsbestandteile, die den Potentialen zugerechnet wurden, wirklich bereits in der Vorkontaktphase als solche erkannt wurden, oder ob diese Potentialfaktoren erst während bzw. nach dem Beratungsgespräch erkannt wurden, um bestimmte eigene Verhaltensweisen oder die des Verkäufers zu erklären. Folgt man diesem Gedankengang weiter, bedeutet dies, dass

---

[1] Vgl. Kelly, H.H. (1978), S. 216ff.
[2] Vgl. hierzu und im Folgenden Wiswede, G. (2000), S. 82; Müller, G.F. (1982), S. 676; Kelly, H.H. (1978), S. 212ff. und die dort angegebene Literatur.
[3] Vgl. Steffenhagen, H. (2004), S. 81

Potentialfaktoren vom Kunden nicht zwingend vor der Leistungsentstehung wahrgenommen werden müssen – wie es die produktionsorientierte Perspektive zur Dienstleistung bzw. Dienstleistungsqualität unterstellt. Ebenso können solche Faktoren auch erst während der Leistungserstellung wahrgenommen werden und der Kunde geht erst im *Nachhinein* davon aus, dass dieses Leistungspotential auch schon vor der Leistungserstellung bestand. Oder das vom Kunden im *Nachhinein* wahrgenommene Leistungspotential existiert gar nicht und der Kunde zieht ein solches Kriterium heran, um sich ein bestimmtes Erlebnis zu erklären (Fehlattribution).

4.2 Empirische Erkenntnisse und Überlegungen zu den Rahmenbedingungen der Produktberatung

Wie aus den obigen Ausführungen ersichtlich wurde, sind Attributionen stark von den Einstellungen und Erfahrungen des jeweiligen Kunden abhängig und müssen nicht zwingend der Realität entsprechen. So sollen und können im Folgenden auch nicht alle Bestandteile der Rahmenbedingungen wiedergegeben werden. Vielmehr werden diejenigen Bestandteile in das Modell der Produktberatungsqualität aufgenommen, die aus Sicht dieser Arbeit und nach sorgfältiger Auswertung der Literatur als bedeutend identifiziert wurden.

Der Grund für Attributionen ist, wie oben aufgezeigt, die Intransparenz bzgl. der Ziele und Absichten des Verkäufers. Anders ausgedrückt kann gesagt werden, dass der Kunde nach Hinweisen auf die Vertrauenswürdigkeit des Verkäufers sucht. Solche Hinweise sollen im Folgenden näher beleuchtet werden.

4.2.1 Verfügbarkeit von Beweismitteln

Möchte der Verkäufer seine Aussagen belegen, so ist er auf das entsprechende Material angewiesen. Diesen Zusammenhang wird auch der Kunde sehen. So wird hier die Vermutung ausgesprochen:

> V_{R1}: *Die zur Verfügung stehenden Beweismittel beeinflussen das Beweisen von Sachinhalten positiv.*

So wird der Kunde die Beweisführung des Verkäufers umso glaubwürdiger finden, je besser dieser mit entsprechenden „Beweisen" ausgerüstet ist. Hierzu gehört zum einen Informationsmaterial wie z. B. Herstellerprospekte, Test-Zeitschriften oder

Fachmagazine. Des Weiteren sollte auch die Möglichkeit gegeben werden, die entsprechenden Produkte testen zu können. Ebenso wird der Kunde ein gewisses Maß an Auswahl erwarten. Steht dem Kunden nur ein Produkt zur „Auswahl", dann wird der Verkäufer sich schwer tun, dem Kunden dieses Produkt glaubhaft als das passende zu beschreiben.[1]

4.2.2 Verfügbarkeit des Verkäufers

Oben wurde bereits gezeigt, dass der Verkäufer dem Kunden zeigen muss, dass er auf ihn eingeht. Dies wird er aber nur zeigen können, wenn er selber nicht – zumindest für den Kunden merklich – unter Zeitdruck steht oder abgelenkt wird. So soll folgende Vermutung angestellt werden:

V_{R2}: *Die Verfügbarkeit des Verkäufers beeinflusst das Wahrnehmen von Hinweisen auf nicht-opportunistisches Verhalten positiv.*

So muss der Kunde davon ausgehen, dass der Verkäufer nicht auf ihn eingehen kann, wenn er gerade unter Zeitdruck steht, etwa weil er noch ein ganze Palette von Digitalkameras in die Regale einräumen muss und das Geschäft in einer viertel Stunde schließt. Ebenso wird der Verkäufer nicht auf den Kunden eingehen können, wenn er ständig von anderen Kunden oder Kollegen gestört wird.

4.2.3 Erscheinungsbild des Verkäufers

In der Verkäuferforschung gilt als einer der best gesicherten Befunde, dass eine wahrgenommene Ähnlichkeit zwischen Verkäufer und Kunde einen positiven Einfluss auf den Verkaufserfolg hat.[2] Ähnlichkeit wird dabei über mehrere Dimensionen definiert, wie z. B. Alter, Größe, Einkommen usw.[3] Als theoretische Begründung wird bei den entsprechenden Studien angeführt, dass sich zwischen ähnlichen Verkäufern und Kunden leichter eine positive Beziehung aufbaut, was damit begründet werden kann, dass sich – im Sinne klassischer Konditionierung – ähnliche Charaktere gegenseitig in einer Beziehung bestärken, was eine Vertrauensbasis schafft.[4]

---

[1] Vgl. Swan, J.W., Nolan, J.J. (1985), S. 40f.
[2] Vgl. Nerdinger, F.W. (2001), S. 178.
[3] Vgl. Engels, A., Timaeus, E. (1983), S. 347.
[4] Vgl. Engels, A., Timaeus, E. (1983), S. 349 und die dort angegebene Literatur.

In ähnlicher Weise wird sich auch die physische Attraktivität, also ein angenehmes Erscheinungsbild des Verkäufers, auswirken.[1] So soll hier folgende Vermutung aufgestellt werden:

V_{R3}: *Ein angenehmes Erscheinungsbild des Verkäufers beeinflusst das Vertrauen positiv.*

4.2.4 Fachwissen des Verkäufers

Auch die Auswirkung des Fachwissens auf den Verkaufserfolg wurde häufig empirisch überprüft. Allein plausibilitätsgestützte Überlegungen lassen vermuten, dass ein hohes zugesprochenes Fachwissen positiv auf den Verkaufserfolg wirkt, was auch empirisch bestätigt wurde.[2] Hierfür existiert allerdings keine schlüssige theoretische Begründung. Es kann aber darauf geschlossen werden, dass ein hohes Fachwissen des Verkäufers sich positiv auf die Glaubwürdigkeit der Produktinformationen auswirkt, die der Verkäufer weitergibt, was sich positiv im Vertrauen des Kunden gegenüber dem Verkäufer auswirkt.[3] So wird gefolgert:

V_{R4}: *Das Fachwissen des Verkäufers beeinflusst das Vertrauen des Kunden positiv.*

Auf das Ableiten der moderierenden Effekte des Kaufentscheidungsproblems wird aus folgenden Gründen verzichtet: Sowohl der Verfügbarkeit der Beweismittel als auch der Verfügbarkeit des Verkäufers wird hier nur die Wirkung auf jeweils einen Leistungsbestandteil des Beratungsprozesses, nämlich den Bestandteil Beweisen von Sachinhalten bzw. Hinweise auf nicht-opportunistisches Verhalten unterstellt. Lassen sich moderierende Effekte des Kaufentscheidungsproblems auf diese beiden Leistungsbestandteile des Beratungsprozesses zurückführen, würden diese sich somit auch auf die oben genannten Leistungsbestandteile des Beratungspotentials auswirken. So wäre eine solche Analyse lediglich für das Fachwissen bzw. das Erscheinungsbild des Verkäufers sinnvoll. Da für deren Einfluss auf das Vertrauen eine schlüssige theoretische Erklärung fehlt, kann auch hier keine theoretisch

---

[1] Vgl. Doney, P.M., Cannon, J.P. (1997), S. 40.
[2] Vgl. Nerdinger, F.W. (2001), S. 128ff.; Doney, P.M.; Cannon, J.P. (1997), S. 40; MacIntosh, G., Lockshin, L.S. (1997), S. 489ff. sowie die dort angegebene Literatur.
[3] Vgl. Busch, P., Wilson, D.T. (1976), S. 5ff.

fundierte Aussage über der Einfluss des Kaufentscheidungsproblems getroffen werden. Darüber hinaus können auch auf Basis von Plausibilitätsüberlegungen keine überzeugenden Argumente gefunden werden, die eine unterschiedliche Wirkungsstärke bei unterschiedlicher Problemlage begründen.

D Empirische Analyse der Produktberatungsqualität

1 Entwicklung eines vollständigen Kausalmodells zur empirischen Analyse der Produktberatungsqualität

1.1 Erhebungstechnische und methodische Aspekte

1.1.1 Zufriedenheits- und einstellungsorientiertes Messen von Qualität

Qualität kann sowohl **zufriedenheits-** als auch **einstellungsorientiert** gemessen werden. Dass beide Verfahren zulässig sind, hat HENTSCHEL gezeigt.[1] Allerdings können keine eindeutigen Hinweise dazu gegeben werden, welches Verfahren unter welchen Bedingungen anzuwenden ist, so dass dies hauptsächlich vom Untersuchungsziel und -objekt abhängt und die Wahl dem Untersuchungsleiter überlassen bleibt. Um eine Aussage darüber zu treffen, welches Verfahren beim Messen der Produktberatungsqualität gewählt werden sollte, sind daher im Folgenden zunächst die konzeptionellen Eigenheiten beider Ansätze und deren Unterschiede herauszuarbeiten.

Um die Eigenheiten des zufriedenheitsorientierten Qualitätsansatzes besser verstehen und beleuchten zu können, wird zunächst der Begriff der Zufriedenheit definiert und kurz expliziert:

> *Zufriedenheit[2] ist – dem Diskonfirmationsparadigma folgend - das (bewertete) Ergebnis eines psychischen Soll-Ist-Vergleichs konkreter Konsumerlebnisse.*[3]

Die **Soll-Komponente** entspricht den Erwartungen des Konsumenten.[4] Wie bereits in Kapitel B1.2.1 beschrieben, existieren unterschiedliche Interpretationen des Erwartungsbegriffs, wobei ungeklärt ist, unter welchen Bedingungen welche Form der Erwartung von wem herangezogen wird. Mit einiger Sicherheit kann dagegen davon ausgegangen werden, dass Erwartungen interindividuell schwanken und sowohl von eigenen Einstellungen als auch dem sozialen Umfeld beeinflusst werden.

---

[1] Vgl. Hentschel, B. (1992), S. 119ff.
[2] Zufriedenheit wird hier als wertfreies Konstrukt verstanden, welches demnach sowohl Zufriedenheit in positiver als auch negativer (Unzufriedenheit) Ausprägung umfasst.
[3] Vgl. Kaas, K.P., Runow, H. (1984), S. 452.
[4] Vgl. Stauss, B. (1999), S. 6; Kaas, K.P., Runow, H. (1984), S. 3.

Die **Ist-Komponente** kann als wahrgenommene Leistung interpretiert werden.[1] Somit unterliegt diese Komponente aufgrund von Wahrnehmungsverzerrungen ebenfalls interindividuellen Schwankungen.[2] Darüber hinaus weisen Untersuchungen darauf hin, dass die Wahrnehmung der Leistung auch durch die Erwartungen des Individuums beeinflusst wird.[3] Da sowohl die Soll- als auch Ist-Komponente interindividuellen Schwankungen unterliegen, unterliegt die Zufriedenheit einer doppelten Subjektivität. Die Zufriedenheit setzt an einem konkreten, selbst erlebten **Konsumerlebnis** an, was im vorliegenden Fall die letzte in Anspruch genommene Produktberatung ist.[4] Aus diesem Bezug auf ein bestimmtes Konsumerlebnis resultiert, dass die Ist-Komponente nicht nur aufgrund von Wahrnehmungsverzerrungen interindividuell schwanken kann, sondern auch aufgrund der Tatsache, dass die Leistung unterschiedlich erbracht wurde. Dieser Sachverhalt gewinnt insbesondere dann an Bedeutung, wenn die Leistung – wie bei der Produktberatung – von Personen erbracht wird und dadurch auch aufgrund individueller Faktoren des Leistungserstellers schwankt. Der **Soll-Ist-Vergleich** einzelner Leistungsattribute führt zu einem Zwischenergebnis in Form von (Erwartungs-)Bestätigungen bzw. Nichtbestätigungen.[5] Dieser direkte Vergleich entspricht dem **zufriedenheitsorientierten Qualitätsverständnis**. Er unterscheidet sich letztlich von der Zufriedenheit darin, dass Zufriedenheit als das **Ergebnis** einer Bewertung dieses Soll-Ist-Vergleichs zu verstehen ist (vgl. Abbildung 14).

---

[1] Vgl. Schmitz, G. (2002), S. 44.
[2] Vgl. Schmitz, G. (2002), S. 45 und die dort angegebene Literatur.
[3] Vgl. Kroeber-Riel, W., Weinberg, P. (2003), S. 269f.; Bruhn, M., Georgi, D. (2000), S. 187.
[4] Vgl. Kaas, K.P., Runow, H. (1984), S. 3. Die Wahrnehmung der letzten in Anspruch genommenen Beratung wird dabei wiederum durch die zuvor in Anspruch genommenen Produktberatungen beeinflusst.
[5] Vgl. Stauss, B. (1999), S. 8.

1 Entwicklung eines vollständigen Kausalmodells 101

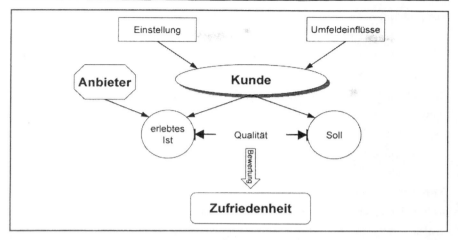

Abbildung 14: Zufriedenheitsorientiertes Qualitätsverständnis

Auch für das Verständnis des einstellungsorientierten Qualitätskonzepts bietet es sich an, zunächst den Einstellungsbegriff zu definieren und zu explizieren:

Einstellung ist die Disposition eines Individuums, ein bestimmtes Objekt zu einem bestimmten Grad positiv bzw. negativ wertend einzuschätzen.[1]

Diese wertende Einschätzung kann sowohl auf emotionale als auch kognitive Elemente zurückgeführt werden.[2] Da Qualität einer Bewertung anhand geeigneter Kriterien bedarf,[3] wird beim Messen von Qualität der verstandesbetonte Aspekt besonders hervorgehoben. Dies schlägt sich in folgender Definition nieder, die im weiteren Verlauf herangezogen wird:

Die Einstellung eines Konsumenten ist eine wertende Einschätzung gegenüber einer Leistung und ergibt sich aus bewerteten Einzeleindrücken von Leistungsattributen.[4]

---

[1] Vgl. Steffenhagen, H. (1996), S. 95; Eagly, A.H., Chaiken, S. (1993), S. 1f.
[2] Vgl. Schmidt, R. (1996), S. 57.
[3] Vgl. B1.2.1.
[4] Vgl. Kall, D., Steffenhagen, H. (1992), S. 5. Einstellungen können gegenüber Personen (z.B. Verkäufern), Objekten (z.B. Produkte bzw. Produktklassen, Dienstleistungen) und Verhaltensweisen (z.B. Alkoholkonsum) existieren. Der Einfachheit halber soll im Weiteren jedoch von Leistungen gesprochen werden.

Die **Leistungsattribute** werden im Kontext der Einstellungsbildung vor dem Hintergrund *leistungsungebundener*, individueller Ziele bzw. Motive bewertet,[1] weswegen die Einzeleindrücke – zumindest implizit – Erwartungen an die entsprechende Leistung wiedergeben.[2] Man kann bei Einstellungen demnach ebenso wie bei Zufriedenheiten von der Existenz einer **Soll-Komponente** ausgehen, auch wenn sie dem Konsumenten nicht explizit bewusst sein muss. Ob sich diese Soll-Komponente der Einstellung in ihrer Art von der Soll-Komponente der Zufriedenheit im Rahmen einer empirischen Untersuchung unterscheidet, hängt dabei im wesentlichen von der Art der Befragung ab.[3] Einstellungen müssen somit auch nicht an ein bestimmtes **Konsumerlebnis** gebunden sein.[4] Demnach ergibt sich die **Ist-Komponente** auch nicht aus einer tatsächlich wahrgenommenen Leistung, sondern aus einer prädiktiven Erwartung – einem vor Inanspruchnahme der Leistung vorhergesehenen bzw. für wahrscheinlich gehaltenen Leistungsniveau. Einstellungen haben somit einen antizipierenden Charakter. Solche prädiktiven Erwartungen können sich anhand eigener Erfahrungen, Erfahrungen Dritter oder anhand des Einflusses von Leistungsanbietern manifestieren. Daher kann ein Konsument auch Einstellungen gegenüber einer Leistung bilden, ohne diese je in Anspruch genommen zu haben. Einstellungen werden also erlernt und sind relativ stabil,[5] wohingegen Zufriedenheit situationsgebunden und punktuell ist. Ähnlich der Zufriedenheit ergibt sich auch die Einstellung aus der Bewertung des oben geschilderten Soll-Ist-Vergleichs, der unbewertet das **einstellungsorientierte Qualitätsverständnis** darstellt (vgl. Abbildung 15).

---

[1] Vgl. Kroeber-Riel, W., Weinberg, P. (2003), S. 169, Freter, H. (1979), S. 164f. Aus diesem Grund spricht man auch von Ziel-Mittel-Analysen (means-end-analysis).
[2] Vgl. Kroeber-Riel, W., Weinberg, P. (2003), S. 396f.; Schütze, R. (1992), S. 150.
[3] Vgl. Hentschel, B. (1992), S. 121.
[4] Vgl. Hentschel, B. (1992), S. 121; Kaas, K.P., Runow, H. (1984), S. 3.
[5] Vgl. Trommsdorff, V. (1998), S. 143; Kaas, K.P., Runow, H. (1984), S. 3.

1 Entwicklung eines vollständigen Kausalmodells

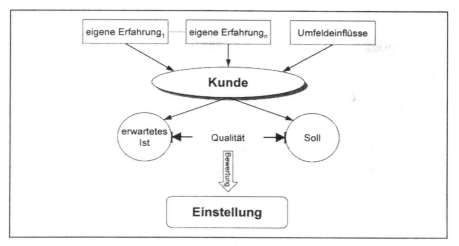

Abbildung 15: Einstellungsorientiertes Qualitätsverständnis

Zusammenfassend unterscheidet sich damit das dieser Arbeit zugrunde liegende Qualitätsverständnis von den Begriffen Zufriedenheit und Einstellungen dadurch, dass Qualität nur auf den Soll-Ist-Vergleich abzielt und die Bewertung dieses Vergleiches außen vor lässt.[1]

Den vorangegangenen Ausführungen kann entnommen werden, dass sich zufriedenheitsorientierte Qualitätsmessungen insbesondere zum Erfassen konkret erbrachter Leistungen eignen. Ein solches Vorgehen bietet sich daher besonders dann an, wenn ein Anbieter die Qualität seiner Leistung überprüfen möchte. Dabei ist ein zeitnahes Befragen der Konsumenten erforderlich, damit tatsächlich nur die einzelne, konkrete Leistung bewertet wird und sich nicht mit Eindrücken anderer Konsumerlebnisse vermischt. Dadurch wird es offensichtlich im Gegensatz zum einstellungsorientierten Ansatz um ein vielfaches aufwendiger, eine Stichprobe zu rekrutieren. Darüber hinaus sind die Ergebnisse des einstellungsorientierten Ansatzes als stabiler einzuschätzen, da sie sich aus mehreren Erfahrungen zusammensetzen, über die Zeit erlernt werden und auch nicht Leistungsschwankungen des Leistungserstellers unterworfen sind. Zusätzlich drücken Einstellungen durch ihren antizipierenden Charakter eher die Erwartungshaltung eines Konsumenten aus und eignen sich somit besser für die Konzeption einer Leistung. Ein weiterer Vorteil einstellungs-

---

[1] Vgl. Stauss, B. (1999), S. 12; Shemwell, D.J., Yavas, U., Bilgin, Z. (1998), S. 155.

orientierten Messens ergibt sich aus dem Umstand, dass ohne große Modifikationen Kunden und Mitarbeiter gleichermaßen befragt werden können, was sich als günstig für das Qualitätsmanagement erweisen kann.[1] Gegen ein einstellungsorientiertes Messen spricht, dass sich auch Personen über die Leistung äußern können, die diese noch nie in Anspruch genommen haben, weshalb solchen Qualitätsurteilen mangelnde Verhaltensnähe vorgeworfen werden kann.[2] Da die Produktberatung aber eine relativ leicht zugängliche und weit verbreitete Leistung darstellt, scheint dieser Vorwurf für die vorliegende Untersuchung nicht weiter ins Gewicht zu fallen. Aus diesen Gründen wird in der vorliegenden Untersuchung Qualität einstellungsorientiert gemessen.

1.1.2 Heranzuziehende Messskala

Produktberatungsqualität ist ein multiattributives Konstrukt, welches sich aus der Bewertung von Leistungsmerkmalen (Teilqualitäten) zusammensetzt. Keine dieser Teilqualitäten kann – als fehlerbehaftete Messung – das Konstrukt repräsentieren. Vielmehr ergibt sich die Produktberatungsqualität aus der Summe der Teilqualitäten.[3] Produktberatungsqualität ist daher als ein aggregiertes Konstrukt aufzufassen. Die Produktberatungsqualität sowie deren Teilqualitäten lassen sich allerdings nicht direkt beobachten, weshalb sie als latente Konstrukte anzusehen sind.[4]

Für das Messen der globalen Qualitätswahrnehmung werden indirekte, reflektive Qualitätsindikatoren benutzt, die die Bestätigung der normativen Erwartung (Soll) durch die prädikative Erwartung (Ist) erheben. Dem aggregierten Konstruktverständnis der Qualität trägt die Formulierung „Alles in Allem ..." Rechnung, die den Befragten anregen soll, sich alle relevanten Leistungsattribute zu vergegenwärtigen und in seine Überlegungen zur Gesamtqualität einzubeziehen. Globale Teilqualitätsurteile werden auch für die Prozess-, Potential- und Ergebnisdimension erhoben (vgl. Abbildung 16). Allerdings ist eine solche Dimensionierung der globalen Urteile artifiziell, d.h. es kann nicht davon ausgegangen werden, dass diese Dimensionen auch von den Befragten als von der wahrgenommenen Gesamtqualität unabhängige

---

[1] Vgl. Hentschel, B. (1992), S. 121f.
[2] Vgl. Schütze, R. (1992), S. 153.
[3] Vgl. Law, K.S., Wong, C.S., Mobley, W.H. (1998), S. 743ff.
[4] Vgl. Law, K.S., Wong, C.S., Mobley, W.H. (1998), S. 742ff.

1 Entwicklung eines vollständigen Kausalmodells

Qualitätsurteile wahrgenommen werden. Diese Vermutung wurde in mehreren Expertengesprächen geteilt und verstärkte sich auch aufgrund einer umfangreichen qualitativen Voruntersuchung.[1] So soll hier davon ausgegangen werden, dass diese Indikatoren einen reflektiven Charakter aufweisen, also als fehlerbehaftete Messung der Gesamtqualität zu betrachten sind.

	stimme voll zu					stimme gar nicht zu	weiß nicht
Alles in Allem sind meine Erwartungen an die Rahmenbedingungen der Produktberatung optimal erfüllt.	①	②	③	④	⑤	⑥	O
Alles in Allem sind während einer Produktberatung meine Erwartungen an das Beratungsgespräch optimal erfüllt.	①	②	③	④	⑤	⑥	O
Alles in Allem sind am Ende einer Produktberatung meine Erwartungen an das Beratungsergebnis optimal erfüllt.	①	②	③	④	⑤	⑥	O
Alles in Allem sind meine Erwartungen an die Produktberatung optimal erfüllt.	①	②	③	④	⑤	⑥	O

Abbildung 16: Indikatoren zur Messung eines globalen Qualitätsurteils

Auf eine Doppelskala, die Erwartung und Wahrnehmung separat erhebt und somit Qualität als Differenz berechnet, sei verzichtet. Für ein separates Erheben von Erwartungen spricht jedoch der höhere diagnostische Informationsgehalt.[2] Dem gegenüber stehen konzeptionelle und messtechnische Probleme. Wie oben bereits erwähnt, beeinflussen sich Erwartung und Wahrnehmung,[3] was zu Ergebnisverzerrungen führen kann. Zusätzlich kann bei der Abfrage von Erwartungen das Phänomen der Anspruchsinflation beobachtet werden, weshalb letztlich die Beantwortung der „Erwartungs-Indikatoren" zumeist in den „top-boxes"[4] erfolgen wird.[5]

---

[1] Es wurden zur Itemgenerierung im März 2004 200 Studierende in Anlehnung an die TOME-Methode mittels eines standardisierten Fragebogens befragt, welche Leistungen in einer Produktberatung bezogen auf das Beratungsergebnis, den -prozess und die Rahmenbedingungen erbracht werden sollten. Vgl. zur TOME-Methode Botschen, G., Botschen, M., Thelen, E. u.a. (1996), S. 160ff.
[2] Vgl. Parasuraman, A., Zeithaml, V.A., Berry, L.L. (1988), S. 35f.
[3] Vgl. Stauss, B., Seidel, W. (1998), S. 220; Grönroos, C. (1993), S. 41; Schütze, R. (1992), S. 177.
[4] Hiermit werden die höchsten Beantwortungskategorien bei Ratingskalen bezeichnet.
[5] Vgl. Hentschel, B. (1992), S. 139.

Ratingskalen haben sich insbesondere in der Einstellungsforschung bewährt,[1] wobei hier eine Variation der LIKERT-Skala zum Einsatz kommt. Das Messen von Zustimmung bzw. Ablehnung zu einem Statement wird auch beim Messen der Leistungsattribute verwendet. Da trotz umfangreicher und sorgfältiger qualitativer Voruntersuchungen bei merkmalsgestützten Qualitätsmessungen immer die Gefahr besteht, dass aus Befragtensicht nicht saliente Attribute als relevant berücksichtigt werden, wurde der Ratingskala die Kategorie „weiß nicht" hinzugefügt.[2]

Um Aussagen für das Management der Produktberatungsqualität zu treffen, muss die Stärke des Einflusses der Teilqualitäten[3] auf die Gesamtqualität der Produktberatung ermittelt werden. Diese Einflussstärke kann direkt abgefragt werden, wobei sie dann im Allgemeinen als Wichtigkeit bzw. Bedeutung operationalisiert wird. Ein separates Erheben von Wichtigkeiten trägt allerdings wenig oder nichts zur Erklärung der Varianz des Globalmaßes bei, was in empirischen Studien gezeigt wurde.[4] Darüber hinaus lässt sich bei der direkten Abfrage von Wichtigkeiten die Tendenz beobachten, dass alle in die Befragung aufgenommenen Merkmale als wichtig eingestuft werden.[5] Bedingt durch die Tatsache, dass separates Erheben einer Bedeutungskomponente für die Befragten einen höheren zeitlichen und kognitiven Aufwand bedeutet, wird im Rahmen dieser Studie daher darauf verzichtet. So wird in der vorliegenden Untersuchung die Wichtigkeit der Teilqualitäten aus den erhobenen Daten auf statistischem Wege ermittelt.[6]

1.1.3 Vorgehensweise im Rahmen der Kausalanalyse

Zur Evaluation der Vermutungen zum Zustandekommen der wahrgenommenen Produktberatungsqualität wurde ausgehend von der Konzeptionalisierung der Produktberatungsqualität ein vollständiges Kausalmodell entwickelt. Ein Kausalmodell besteht allgemein aus einem Strukturmodell, welches Beziehungen zwischen so genannten latenten exogenen (unabhängigen) und latenten endogenen (ab-

---

[1] Vgl. Kroeber-Riel, W., Weinberg, P. (2003), S. 194ff.
[2] Vgl. Schmitz, G. (2002), S. 191.
[3] Diese Einflussstärke kann auch als Wichtigkeit oder Bedeutung interpretiert werden.
[4] Vgl. Freter, H. (1979), S. 176.
[5] Vgl. Dichtl, E., Müller, S. (1986), S. 233.
[6] Vgl. Stauss, B. (1999), S. 14; Haller, S. (1993), S. 24; Parasuraman, A., Zeithaml, V.A., Berry, L.L. (1988), S. 30ff.

1 Entwicklung eines vollständigen Kausalmodells

hängigen) Variablen – gemeint sind theoretische Konstrukte – abbildet. Die latenten exogenen und endogenen Variablen werden durch jeweils ein Messmodell erfasst (vgl. Abbildung 17).[1]

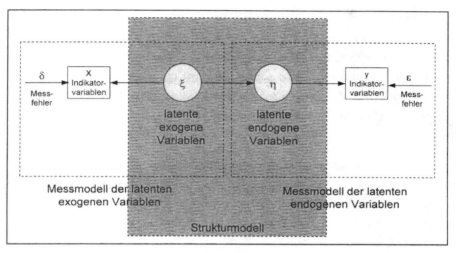

Abbildung 17: Darstellung eines vollständigen Kausalmodells (in Anlehnung an: Zacharias, R. (1995), S. 212)

Den Ausgangspunkt der Kausalanalyse bildet das Operationalisieren der latenten Variablen – hier der Leistungsattribute und der globalen Qualitätswahrnehmung - und die Spezifikation der Messmodelle. Da das Messen der latenten Variablen teilweise mittels mehrerer reflektiver Indikatoren erfolgt, stellen diese aus methodischer Sicht Faktoren dar. Zur Gütebeurteilung der Indikatoren und Faktoren werden die in der Literatur ausführlich dokumentierten Gütekriterien der so genannten ersten und zweiten Generation herangezogen.[2] Anhand dieser Gütekriterien ist zu entscheiden, ob Modifikationen am Messmodell vorzunehmen sind. Die Güteprüfung der Mess-

---

[1] In der vorliegenden Arbeit stellen die Konstrukte „Erscheinungsbild des Verkäufers", „Fachwissen des Verkäufers", „Verfügbarkeit des Verkäufers", „Ladenatmosphäre", „Beweismittel" und „Interaktionsstil des Verkäufers" latente exogene Variablen und die Konstrukte „Zielinformationen", „Existenzinformationen", „Auswahlinformationen", „Hilfsinformationen", „Beweisführung", „Hinweise auf nicht opportunistisches Verhalten", „Zielproblemlösung", „Suchproblemlösung", „Auswahlproblemlösung", „Vertrauen", „Kaufentscheidungsproblemlösung" und das Konstrukt „Qualität" latente endogene Variablen dar.

[2] Da die Kriterien in zahlreichen Quellen übersichtlich dokumentiert sind, kann auf ihre Darstellung hier verzichtet werden. Vgl. Peter, S.I. (1997), S. 176ff.; Homburg, C., Giering, A. (1996), S. 8ff.; Homburg, C. (1995), S. 79ff.; Bollen, K.A. (1989), S. 256ff.

modelle ist Grundlage der abschließenden Spezifikation des vollständigen Kausalmodells.[1] Um die Parameterschätzung vornehmen zu können, sollte zuvor überprüft werden, ob das spezifizierte Kausalmodell identifizierbar ist.[2]

Bei der Spezifikation des Kausalmodells sind drei Forschungsstrategien denkbar:[3] Bei einem rein konfirmatorischen Ansatz wird ein einziges Modell empirisch getestet und nur über dessen Ablehnung oder Annahme entschieden. Bei einem explorativen Ansatz dagegen werden auf theoretischer Basis mehrere, meist ähnliche Modelle spezifiziert und geschätzt. Anschließend erfolgt die Modellselektion zur Auswahl des Modells mit der besten Anpassung. Die dritte Forschungsstrategie besteht darin, ein Kausalmodell zu spezifizieren und sukzessive zu verbessern.

In dieser Untersuchung wird die erste Forschungsstrategie gewählt. Das spezifizierte Kausalmodell wird konfirmatorisch auf empirischer Basis mittels AMOS 5.0 getestet. Aufgrund der Neuartigkeit des theoretischen Ansatzes ist ein Weiterentwickeln des Kausalmodells im Sinne einer sukzessiven Verbesserung wünschenswert. Ein solches Vorgehen birgt aber die Gefahr, das Modell an den Spezifika eines gegebenen Datensatzes auszurichten. Um trotzdem allgemeingültige Aussagen treffen zu können, muss das modifizierte Modell an einem zweiten Datensatz und somit an einer Validierungsstichprobe überprüft werden.[4] Bei der vorliegenden Datengrundlage sprechen zwei Gründe gegen ein solches Vorgehen: Zum einen liegt keine Validierungsstichprobe vor. Zum anderen ist aufgrund der Stichprobe[5] mit einem stichprobenspezifischen Wirkungsgefüge zu rechnen. Daher scheint auch ein Stichprobensplitting ungeeignet, da die stichprobenspezifischen Ausprägungen in beiden Teilstichproben vorliegen würden. Aus diesem Grund bleibt die Weiterentwicklung und Verbesserung des Modells zukünftigen Forschungsaktivitäten vorbehalten.

---

[1] Vgl. Schmitz, G. (2002), S. 216.
[2] Eine notwendige Voraussetzung hierfür ist, dass die Anzahl der zu schätzenden Modellparameter höchstens so groß ist, wie die Anzahl der empirischen Varianzen und Kovarianzen. Trotz der Erfüllung dieser Bedingungen können Teile des Modells nicht identifizierbar sein. Große Standardfehler der Parameterschätzer oder entartete Schätzer, wie z.B. negative Fehlervarianzen, können entsprechende Hinweise für einen solchen Fall liefern. Vgl. dazu Homburg, C., Pflesser, C. (1999), S. 645; Bollen, K.A. (1989), S. 326ff.
[3] Vgl. Peter, S.I. (1997), S. 195ff.
[4] Vgl. Backhaus, K., Erichson, B., Plinke, W. u.a. (2000), S. 489.
[5] Auf die Beschaffenheit der Stichprobe wird an späterer Stelle genauer eingegangen.

1.2 Schätzung der Mess- und Strukturmodelle und Analyse der Modellgüte des allgemeinen Modells

1.2.1 Datengrundlage

Im Rahmen der quantitativen Untersuchung wurden im April 2004 insgesamt 602 Personen im Bereich der Mensen der RWTH Aachen befragt.[1] Erwartungsgemäß basiert diese Stichprobe zu 93% auf Studierenden, wovon 32% Frauen und 68% Männer waren. 93% der Befragten befanden sich im Alter zwischen 19 und 29 Jahren. Die Studierenden wurden direkt angesprochen und der Fragebogen wurde nur bei signalisierter Teilnahmebereitschaft ausgeteilt.

Der hier verfolgte Ansatz zum Erklären des Zustandekommens von Produktberatungsqualität unterstellt dem Kunden ein Kaufentscheidungsproblem. Um ein solches Problem losgelöst von einer konkreten Beratungssituation zu erheben, ist es notwendig, die Befragten in eine fiktive Kaufentscheidungssituation zu versetzen. So wurden die Befragten gebeten, sich die Situation vorzustellen, eine **Digitalkamera** kaufen zu wollen. Die Produktklasse Digitalkamera erschien aus mehreren Gründen für die vorliegende Untersuchung besonders geeignet: Die Digitalkamera ist ein relativ neuartiges, hochpreisiges und langlebiges Gebrauchsgut, so dass davon ausgegangen werden konnte, dass eine entsprechende Kaufentscheidung extensiv getroffen wird und das Vorhandensein von Beratungsbedarf wahrscheinlich ist. Darüber hinaus ließ die qualitative Voruntersuchung darauf schließen, dass ein großer Anteil der Studierenden in naher Zukunft (innerhalb der nächsten drei Monate) den Kauf einer Digitalkamera plant, wodurch die Befragten sich leicht eine entsprechende Entscheidungssituation hätten vorstellen können. Diese Annahme konnte in der Untersuchung allerdings nicht bestätigt werden: Nur 19% der Befragten gaben an, in den nächsten drei Monaten eine Digitalkamera kaufen zu wollen und 36% gaben an, eine solche Kamera bereits zu besitzen.

Sowohl aufgrund der sozio-demographischen Merkmale der Befragten als auch wegen der vorgegebenen Produktklasse lassen sich die Ergebnisse der Analyse nicht ohne weiteres verallgemeinern. Allerdings besteht die Zielsetzung der vor-

---

[1] An dieser Stelle sei dem Studentenwerk Aachen für die freundliche Erlaubnis zur Durchführung der Befragung im Mensenbereich gedankt.

liegenden Untersuchung auch nicht darin, die theoretisch abgeleiteten Vermutungen in Bezug auf alle denkbaren Kundengruppen bei allen denkbaren Produktklassen zu belegen. Vielmehr sollen erste Anhaltspunkte für die Richtigkeit der theoretischen Vermutungen erbracht werden.

1.2.2 Operationalisierung latenter Variablen und Gütebeurteilung der Messmodelle

Neben der Literaturrecherche hinsichtlich nutzbarer Skalen zur Operationalisierung der latenten endogenen und exogenen Variablen wurde insbesondere auf eine qualitative Voruntersuchung zurückgegriffen. Diese fand im März 2004 statt. Es wurden 200 Studierende zu qualitätsrelevanten Leistungsbestandteilen der Produktberatung befragt. Die hierbei generierten Indikatoren fanden bei der Operationalisierung der Variablen Berücksichtigung. Allerdings konnten nicht alle Indikatoren berücksichtigt werden, da bei Kundenbefragungen maximal 60 bis 80 Einzelfragen (einschließlich der Angaben zur Person) nicht überschritten werden sollten,[1] um Ermüdungseffekte bei den Befragten zu vermeiden. Aufgrund der Komplexität des Modells und des Facettenreichtums der einzelnen Variablen musste auf das Operationalisieren aller Variablen mittels der in der Literatur empfohlenen mindestens drei Indikatoren verzichtet werden. So wurden einzelne Variablen lediglich mittels ein oder zwei Indikatoren operationalisiert. Ein solches Vorgehen wurde bei jenen Variablen angewendet, bei denen aufgrund der Ergebnisse der qualitativen Untersuchung und anschließenden qualitativen Interviews die Vermutung nahe lag, die entsprechenden Variablen auch mittels eines bzw. zweier Indikatoren erfassen zu können. So konnte die Anzahl der Einzelfragen auf insgesamt 74 beschränkt werden.

Das **Messmodell der latenten exogenen Variablen** umfasst die Konstrukte „Erscheinungsbild des Verkäufers", „Fachwissen des Verkäufers", „Verfügbarkeit des Verkäufers", „Ladenatmosphäre" und „Beweismittel", die den Rahmenbedingungen der Produktberatungsqualität zuzuordnen sind. Darüber hinaus schließt das exogene Messmodell das Konstrukt „Interaktionsstil des Verkäufers" ein, das dem Produktberatungsprozess zuzuordnen ist.

---

[1] Vgl. Homburg, C., Fassnach, Werner, H. (2003), S. 563.

1 Entwicklung eines vollständigen Kausalmodells

Das Konstrukt „Ladenatmosphäre" wurde nicht theoretisch hergeleitet, sondern ergab sich aus der qualitativen Voruntersuchung. Die Äußerungen in der qualitativen Befragung lassen vermuten, dass eine angenehme Ladenatmosphäre vertrauensfördernd wirkt. Dies erscheint sinnvoll, da eine angenehme Atmosphäre bewirkt, dass weniger störende Einflüsse das Beratungsgespräch beeinflussen: Der Kunde kann einerseits den Ausführungen des Verkäufers besser folgen und andererseits davon ausgehen, dass der Verkäufer sich besser auf den Kunden konzentrieren kann.[1] Daher soll hier auch nicht davon ausgegangen werden, dass eine solche Atmosphäre direkt auf das Vertrauen wirkt. Vielmehr ist davon auszugehen, dass eine angenehme Atmosphäre auf Interaktion und Kommunikation zwischen Verkäufer und Kunde positiv wirkt. Dies führt dazu, dass der Kunde eher das Gefühl bekommt, dass der Verkäufer auf ihn eingeht und seine Wünsche wahrnimmt. Somit wird das Hypothesensystem um folgende Vermutung ergänzt:

V_{R5}: *Die Ladenatmosphäre beeinflusst die Wahrnehmung der Hinweise zu nicht-opportunistischem Verhalten positiv.*

Obwohl die Indikatoren des „Interaktionsstils des Verkäufers" auf den theoretischen Erkenntnissen der Transaktionsanalyse beruhen, konnte nicht auf eine etablierte Messskala zurückgegriffen werden. So wird die Transaktionsanalyse bisher für die Analyse von Gesprächsverläufen auf Basis von Gesprächsprotokollen herangezogen. In der vorliegenden Untersuchung bestand allerdings nicht die Möglichkeit zu solchen Analysen. Daher wurden typische Formulierungen – im Einklang mit der qualitativen Untersuchung – verwendet, die darauf hinweisen, aus welchem Ich-Zustand der Verkäufer kommuniziert.

Die einzelnen Konstrukte wurden mittels reflektiver Indikatoren gemessen, weshalb diese Konstrukte – zumindest die, die mindestens zwei Indikatoren umfassen – aus methodischer Sicht Faktoren darstellen. So können auch hier die einschlägigen Reliabilitäts- und Validitätskriterien der ersten und zweiten Generation der Faktoranalyse genutzt werden.[2]

---

[1] Vgl. ähnlich zu Ablenkungsversuchen in der Werbung Wiswede, G. (1979), S. 102.
[2] Für die Faktorbildung wurden die Werte der Indikatoren mittels $Ratingwert_{transfer} = 7 - Ratingwert$ transformiert, falls einzelne Statements gegensinnig formuliert wurden.

Ausgangspunkt der Analyse war die Beurteilung der Reliabilität der zur Messung eines Konstrukts (Faktors) eingesetzten Indikatoren anhand des Cronbachschen α, welches die interne Konsistenz eines Faktors misst.[1] Wurde das in der Literatur empfohlene Mindestmaß von 0,7 unterschritten, so wurde der Indikator mit der geringsten Item-to-Total-Korrelation ausgeschlossen. Dabei unterschreiten das „Erscheinungsbild des Verkäufers" und der „Interaktionsstil des Verkäufers" den in der Literatur empfohlenen Mindestwert. Die Ausprägungshöhe des Cronbachschen α ist jedoch von der Zahl der Indikatoren abhängig. So gelten bei durch zwei oder drei Indikatoren operationalisierte Konstrukte bereits Werte von 0,4[2] als befriedigend, welche von allen Konstrukten deutlich überschritten werden. Anschließend wurde für jeden einzelnen Faktor eine separate exploratorische Faktoranalyse durchgeführt, wobei anhand des Kaiser-Meyer-Olkin-Kriteriums und der MSA-Werte die Zulässigkeit der Faktorbildung überprüft wurde. Gefordert wird, dass alle Indikatoren eine Faktorladung von mindestens 0,5 aufweisen und der Faktor selbst eine Varianz von mindestens 50% der ihm zugeordneten Indikatoren erklärt. Alle Faktoren mit mindestens zwei Indikatoren halten diese Anforderungen ein.

Abschließend wurden alle Faktoren einer konfirmatorischen Faktoranalyse unterzogen. Hierbei wurde vor allem überprüft, ob die lokalen Gütemaße der zweiten Generation (Indikatorreliabilität, Faktorreliabilität, durchschnittlich erfasste Varianz, Signifikanz der Faktorladung) die geforderten Mindeststandards erreichen.[3] Diese wurden von allen Faktoren mit mehr als zwei Indikatoren erreicht. Tabelle 2 und Tabelle 3 geben einen Überblick über die Ergebnisse der exploratorischen und konfirmatorischen Faktoranalyse zu den latenten Variablen des exogenen Messmodells. Soweit die Faktoren nur mit zwei Indikatoren[4] gemessen wurden, konnte keine konfirmatorische Faktoranalyse durchgeführt werden, da hierzu mindestens drei Indikatoren erforderlich sind. Bei Konstrukten, die nur durch einen

---

[1] Vgl. Bortz, J. (1999), S. 543.
[2] Vgl. Peter, S.I. (1997), S. 178 und S. 180 sowie die dort angegebene Literatur.
[3] Zur Parameterschätzung wurde hier wie auch im Folgenden die Maximum-Likelihood-Methode genutzt. Vgl. zu den Vorzügen dieser Schätzmethode Peter, S.I. (1997), S. 139 sowie die dort angegebene Literatur.
[4] Die Indikatoren wurden aus Gründen der Übersichtlichkeit nur verkürzt wiedergegeben. Die ausführliche Formulierung der Indikatoren lässt sich dem angehängten Fragebogen entnehmen, die Nummerierung der Indikatoren in den Übersichtstabellen entspricht der Nummerierung der Einzelfragen des Fragebogens der entsprechenden Dimension.

1 Entwicklung eines vollständigen Kausalmodells

Indikator gemessen wurden, konnten auch die Gütekriterien der ersten Generation nicht ermittelt werden.

Indikator	Indikator-reliabilität (≥ 0,4)	t-Wert der Faktorlad. (≥ 1,645 5% Niveau)	Faktor-reliabil. (≥ 0,6)	Ø erfasste Varianz (≥ 50%)
Erscheinungsbild des Verkäufers				
Cronbachs α: 0,52 niedrigste Faktorladung (expl.): 0,82 erklärte Varianz (expl.): 68 %				
1) ~~Ist ungefähr in meinem Alter.~~			-- *)	-- *)
2) Ist mir von seiner Art her sehr ähnlich.	-- *)	-- *)		
3) Hat ein sehr angenehmes Erscheinungsbild.	-- *)	-- *)		
Fachwissen des Verkäufers				
Cronbachs α: --**) niedrigste Faktorladung (expl.): --**) erklärte Varianz (expl.): --**)				
4) Besitzt ein sehr großes Fachwissen.	-- *)	-- *)	-- *)	-- *)
Verfügbarkeit des Verkäufers				
Cronbachs α: 0,86 niedrigste Faktorladung (expl.): 0,86 erklärte Varianz (expl.): 79 %				
5) Steht sofort zur Verfügung.	0,58	23,17	0,86	68%
6) Steht absolut nicht unter Zeitdruck.	0,74	23,42		
7) Kann mich mit dem Verkäufer völlig ungestört unterhalten.	0,72	20,13		
Ladenatmosphäre				
Cronbachs α: --**) niedrigste Faktorladung (expl.): --**) erklärte Varianz (expl.): --**)				
8) Sehr angenehme Ladenatmosphäre.	-- *)	-- *)	-- *)	-- *)
Beweismittel				
Cronbachs α: 0,79 niedrigste Faktorladung (expl.): 0,82 erklärte Varianz (expl.): 70 %				
9) Möglichkeit alle Digitalkameras zu testen.	0,79	18,86	0,79	74%
10) Informationsmaterial (Hersteller-Prospekte, Testberichte usw.) für jede Kamera.	0,75	17,92		
11) Optimal große Auswahl an Digitalkameras.	0,68	16,33		

~~Durchgestrichen~~ Indikator wurde zur Verbesserung des Cronbachschen α eliminiert.
*) Kann nur bei mindestens drei Indikatoren je Faktor berechnet werden.
**) Kann nur bei mindestens zwei Indikatoren je Faktor berechnet werden.

Tabelle 2:   Ergebnisse der exploratorischen und konfirmatorischen Faktoranalyse der exogenen latenten Variablen (Beratungspotential)

Indikator	Indikator-reliabilität (≥ 0,4)	t-Wert der Faktorlad. (≥ 1,645 5% Niveau)	Faktor-reliabil. (≥ 0,6)	∅ erfasste Varianz (≥ 50%)
Interaktionsstil des Verkäufers				
Cronbachs α: 0,69 niedrigste Faktorladung (expl.): 0,78 erklärte Varianz (expl.): 63 %				
23) Artikuliert sich sachlich und objektiv.	0,73	14,57	0,70	66%
24) Artikuliert sich trotzig und genervt.	0,62	12,96		
~~25) Gibt gut gemeinte Ratschläge.~~				
26) Verhält sich höflich.	0,64	13,21		

~~Durchgestrichen~~   Indikator wurde zur Verbesserung des Cronbachs α eliminiert.
*)   Kann nur bei mindestens drei Indikatoren je Faktor berechnet werden.
**)   Kann nur bei mindestens zwei Indikatoren je Faktor berechnet werden.

Tabelle 3:   Ergebnisse der exploratorischen und konfirmatorischen Faktoranalyse der exogenen latenten Variablen (Beratungsprozess)

Die bereinigten Messmodelle der einzelnen Konstrukte wurden – nach Überprüfung auf Identifizierbarkeit zum gesamten Messmodell der latenten exogenen Variablen kombiniert, das ebenfalls die lokalen Gütekriterien nicht verletzt. Die globalen Anpassungskriterien deuten auf eine hohe Anpassungsgüte dieses Messmodells hin: Der Chi-Quadrat-Wert beträgt bei 52 Freiheitsgraden 53,67, so dass sich ein Quotient von 2,015 (p= 0,000) ergibt. Mit GFI= 0,97; AGFI= 0,95; CFI= 0,98; NFI=0,97; RMSEA= 0,042 und RMR= 0,047 erfüllt das gesamte Messmodell der exogenen latenten Variablen die in der Literatur geforderten Anspruchsniveaus der globalen Anpassungsmaße uneingeschränkt.[1] Alle Konstrukte weisen eine bivariate Korrelation kleiner 1 aus, daher ist Diskriminanzvalidität gegeben.[2]

Das **Messmodell der endogenen latenten Variablen** wird den gleichen Arbeitsschritten folgend entwickelt. Daher wird lediglich auf Besonderheiten bei der Entwicklung eingegangen. Es enthält die Konstrukte „Zielinformationen", „Suchinformationen", „Auswahlinformationen", „Hilfsinformationen", „Beweisführung" und „Hinweise auf nicht opportunistisches Verhalten", die Leistungsbestandteile des Produktberatungsprozesses darstellen, sowie „Zielproblemlösung", „Suchproblem-

---

[1]   In der Literatur werden folgende Anspruchsniveaus als heuristische Richtwerte genannt: χ^2-Wert/ Freiheitsgrade ≤ 3; GFI ≥ 0,9; AGFI ≥ 0,9; NFI ≥ 0,9; RMSEA ≤ 0,05; RMR ≤ 0,1. Vgl. zur Modellbeurteilung Homburg, C., Baumgartner, H. (1995), S. 165ff.

[2]   Vgl. Peter, S.I. (1997), S. 147 sowie die dort angegebene Literatur.

1 Entwicklung eines vollständigen Kausalmodells 115

lösung", „Auswahlproblemlösung", „Vertrauen" und „Kaufentscheidungsproblemlösung" als Bestandteile des Produktberatungsergebnisses und das Konstrukt „Qualität", welches die globale Qualitätswahrnehmung präsentiert.

Um das Cronbachsche α zu erhöhen, wurden erneut die Indikatoren mit der geringsten Item-to-Total-Korrelation entfernt, wenn dies auch tatsächlich zu einer Erhöhung beitrug. Dies führte dazu, dass beim Konstrukt „Zielproblemlösung" der Indikator „Sicher, wozu ich persönlich eine Digitalkamera einsetzen möchte." entfernt wurde. Beim Betrachten der verbleibenden Indikatoren musste festgestellt werden, dass mit diesen das Konstrukt inhaltlich nicht mehr valide ist (Inhaltsvalidität). Ein Messinstrument weist dann Inhaltsvalidität auf, wenn es alle inhaltlichen Aspekte des zu messenden Konstrukts abdeckt.[1] Die Indikatoren „Sicher über gegenwärtige Einsatzmöglichkeiten von Digitalkameras." und „Sicher über zukünftige Einsatzmöglichkeiten." können aber nicht die Sicherheit wiedergeben, mit der sich ein Kunde seiner Konsumziele bewusst ist. Vielmehr spiegeln diese Indikatoren ein Konstrukt „Sicherheit über *mögliche* Ziele" wider. Ein solches Konstrukt stellt eine Vorstufe zur Zielproblemlösung dar, weshalb es in das Strukturmodell miteinbezogen werden soll. Das Konstrukt „Zielproblemlösung" wird daher lediglich über den Indikator „Sicher, wozu ich persönlich eine Digitalkamera einsetzen möchte." erfasst. Die Vermutung V_{P1} wird deshalb durch die Vermutung V_{P1neu} ersetzt:

V_{P1neu}: *Zielinformationen beeinflussen die Sicherheit über mögliche Ziele positiv.*

Geht man davon aus, dass Zielprobleme in einem dialektischen Prozess gelöst werden, muss das Wissen um mögliche Ziele sich positiv auf die Zielproblemlösung auswirken:

V_{E5}: *Die Sicherheit über mögliche Ziele beeinflusst die Zielproblemlösung positiv.*

Darüber hinaus muss davon ausgegangen werden, dass auch die „Sicherheit über mögliche Ziele" vom Vertrauen gegenüber dem Verkäufer beeinflusst wird:

---

[1] Vgl. Rudolph, B. (1998), S. 115.

V_{E4d}: *Vertrauen beeinflusst die Sicherheit über mögliche Ziele positiv.*

Die konfirmatorische Faktorenanalyse ergab, dass einige Indikatoren nur eine geringe, unter dem geforderten Mindestniveau von 0,4 liegenden Indikatorreliabilität aufweisen. Simulationsstudien zeigen allerdings, dass diese kritischen Werte stichprobenabhängig sind und bei Stichproben zwischen 400 und 1000 Datensätzen bereits Indikatorreliabilitäten zwischen 0,2 und 0,4 zum Vermeiden instabiler Strukturgleichungsmodelle ausreichen.[1] Die Literatur empfiehlt ein Eliminieren von Indikatoren aufgrund der Gütekriterien der zweiten Generation auch nur, wenn sie die in der Forschungspraxis gängigen Benchmarks *mehrerer* Kriterien nicht erfüllen.[2] Dennoch wurden die Indikatoren eliminiert, die eine Reliabilität von 0,3 unterschreiten, wobei darauf geachtet wurde, dass weiterhin Inhaltsvalidität besteht. Betroffen sind davon die Indikatoren „Verkäufer versucht, von seiner Meinung zu überzeugen." des Konstrukts „nicht-opportunistisches Verhalten" und „Sicher, dass die Digitalkameras die ihnen zugeschriebenen Eigenschaften aufweisen." des Konstrukts „Suchproblemlösung". Einen Überblick über die Ergebnisse der explorativen und konfirmatorischen Faktoranalyse der einzelnen Messmodelle der latenten endogenen Variablen geben die Tabelle 4, Tabelle 5, Tabelle 6 und Tabelle 7.[3]

Die so bereinigten Messmodelle der einzelnen Konstrukte wurden zum gesamten Messmodell der latenten endogenen Variablen kombiniert. Hierbei ergaben sich folgende Ausprägungen der globalen Gütekriterien: Der Chi-Quadrat-Wert beträgt bei 431 Freiheitsgraden 1223,596, so dass sich ein Quotient von 2,839 (p= 0,000) ergibt. Mit GFI= 0,89; AGFI= 0,85; CFI= 0,92; NFI=0,88; RMSEA= 0,057 und RMR= 0,074 kann aufgrund der Komplexität des Modells mit seinen 13 latenten Variablen von einer sehr guten Anpassung des Modells an die Daten gesprochen werden.[4] Da auch

---

[1] Vgl. Peter, S.I. (1997), S. 145 sowie die dort angegebene Literatur.
[2] Vgl. Homburg, C. (1995), S. 85.
[3] Aus Gründen der Übersichtlichkeit sind die Fragen hier und im Folgenden nur verkürzt wiedergegeben. Die vollständigen Formulierungen lassen sich dem angehängten Fragebogen entnehmen. Die Nummerierung der Indikatoren entspricht dabei der Nummerierung der entsprechenden Frage in der entsprechenden Dimension. Die Dimension Beratungspotential wurde dabei allerdings unter dem Begriff Rahmenbedingungen geführt, um die Verständlichkeit des Fragebogens zu erhöhen.
[4] Vgl. zur Diskussion der in der Literatur geforderten Mindestniveaus bei komplexen Modellen Rudolph, B. (1998), S. 145ff.

beim endogenen Messmodell Diskriminanzvalidität gegeben ist und die lokalen Gütekriterien nicht verletzt sind, besteht kein Anlass zur Modifikation des Modells.

D Empirische Analyse der Produktberatungsqualität

Indikator	Indikator-reliabilität (≥ 0,4)	t-Wert der Faktorlad. (≥ 1,645 5% Niveau)	Faktor-reliabil. (≥ 0,6)	Ø erfasste Varianz (≥ 50%)
Zielinformationen				
Cronbachs α: 0,64 niedrigste Faktorladung (expl.): 0,86 erklärte Varianz (expl.): 74%				
1) Verkäufer erklärt alle gegenwärtigen Einsatzmöglichkeiten von Digitalkameras.	-- *)	-- *)	-- *)	-- *)
2) Verkäufer erklärt nur die relevanten gegenwärtigen Einsatzmöglichkeiten.				
3) Verkäufer erklärt alle zukünftigen Einsatzmöglichkeiten von Digitalkameras.	-- *)	-- *)		
Suchinformationen				
Cronbachs α: 0,62 niedrigste Faktorladung (expl.): 0,85 erklärte Varianz (expl.): 73%				
4) Verkäufer zählt alle relevanten Digitalkameras auf.	-- *)	-- *)	-- *)	-- *)
6) Verkäufer zählt alle nicht relevanten Digitalkameras auf.				
8) Verkäufer zählt alle Eigenschaften der relevanten Digitalkameras auf.	-- *)	-- *)		
9) Verkäufer zählt nur relevante Eigenschaften der relevanten Digitalkameras auf.				
Auswahlinformationen				
Cronbachs α: 0,75 niedrigste Faktorladung (expl.): 0,71 erklärte Varianz (expl.): 57%				
10) Verkäufer nennt und erklärt mir alle K.O.-Kriterien.	0,34	14,23	0,75	58%
11) Verkäufer schränkt die Menge der für mich relevanten Digitalkameras ein.	0,57	15,38		
12) Verkäufer erklärt die Wichtigkeit aller relevanten Eigenschaften.	0,45	17,43		
13) Verkäufer erklärt mir Vor- und Nachteile der relevanten Digitalkameras.	0,39	13,21		
Hilfsinformationen				
Cronbachs α: 0,57 niedrigste Faktorladung (expl.): 0,84 erklärte Varianz (expl.): 70%				
15) Verkäufer macht auf Denkfehler aufmerksam.	-- *)	-- *)	-- *)	-- *)
16) Verkäufer empfiehlt eine Digitalkamera.				

Durchgestrichen   Indikator wurde zur Verbesserung des Cronbachs α eliminiert.
*)   Kann nur bei mindestens drei Indikatoren je Faktor berechnet werden.

Tabelle 4:   Ergebnisse der exploratorischen und konfirmatorischen Faktoranalyse der endogenen latenten Variablen (Beratungsprozess) – Teil 1

1 Entwicklung eines vollständigen Kausalmodells 119

Indikator	Indikator-reliabilität (≥ 0,4)	t-Wert der Faktorlad. (≥ 1,645 5% Niveau)	Faktor-reliabil. (≥ 0,6)	Ø erfasste Varianz (≥ 50%)
Beweisführung				
Cronbachs α: 0,63 niedrigste Faktorladung (expl.): 0,86 erklärte Varianz (expl.): 73 %				
5) Verkäufer nennt Kameras, die er selber nicht führt.	-- *)	-- *)	-- *)	-- *)
~~7) Verkäufer nennt bei nicht relevanten Digitalkameras Gründe für den Ausschluss.~~				
17) Verkäufer setzt Anschauungsmaterial ein.	-- *)	-- *)		
Hinweise auf nicht-opportunistisches Verhalten				
Cronbachs α: 0,87 niedrigste Faktorladung (expl.): 0,62 erklärte Varianz (expl.): 61 %				
14) Verkäufer lässt Zeit zum Entscheiden.	0,32	14,03	0,86	53 %
18) Verkäufer versucht, von seiner Meinung zu überzeugen.	0,25	12,29		
19) Verkäufer berücksichtigt Kenntnisse optimal.	0,49	18,48		
20) Verkäufer nimmt das Gesagte wahr.	0,81	26,75		
21) Verkäufer geht auf das Gesagte ein.	0,75	25,04		
22) Verkäufer fragt bei Bedarf nach.	0,58	20,65		

~~Durchgestrichen~~   Indikator wurde zur Verbesserung des Cronbachs α eliminiert.
*)   Kann nur bei mindestens drei Indikatoren je Faktor berechnet werden.

Tabelle 5:   Ergebnisse der exploratorischen und konfirmatorischen Faktoranalyse der endogenen latenten Variablen (Beratungsprozess) – Teil 2

Indikator	Indikator-reliabilität (≥ 0,4)	t-Wert der Faktorlad. (≥ 1,645 5% Niveau)	Faktor-reliabil. (≥ 0,6)	Ø erfasste Varianz (≥ 50%)
Alle Einzelfragen wurden durch die Phrase „Am Ende einer Produktberatung ..." eingeleitet.				
Zielproblemlösung				
Cronbachs α: 0,75 niedrigste Faktorladung (expl.): 0,89 erklärte Varianz (expl.): 80%				
1) Sicher über gegenwärtige Einsatzmöglichkeiten von Digitalkameras.	-- *)	-- *)	-- *)	-- *)
2) Sicher über zukünftige Einsatzmöglichkeiten.	-- *)	-- *)		
3) Sicher, wozu ich persönlich eine Digitalkamera einsetzen möchte.				
Suchproblemlösung				
Cronbachs α: 0,81 niedrigste Faktorladung (expl.): 0,68 erklärte Varianz (expl.): 64%				
4) Sicher, alle relevanten Kameras zu kennen.	0,57	19,37	0,81	53%
5) Sicher, die am besten geeignete Digitalkamera zu kennen.	0,74	22,70		
6) Sicher, einen sehr guten Überblick über alternative Digitalkameras zu haben.	0,51	18,14		
11) Sicher, dass die Digitalkameras die ihnen zugeschriebenen Eigenschaften aufweisen.	0,29	12,69		
Auswahlproblemlösung				
Cronbachs α: 0,82 niedrigste Faktorladung (expl.): 0,70 erklärte Varianz (expl.): 59%				
7) Sicher, welche Eigenschaften relevant sind.	0,57	19,41	0,83	53%
8) Sicher, welche Eigenschaften wie wichtig sind.	0,56	19,10		
9) Sicher, welche K.O.-Kriterien eine ideale Digitalkamera erfüllen muss.	0,53	18,52		
10) Sicher bzgl. der Vor- und Nachteile relevanter Digitalkameras.	0,41	15,74		
12) Schwanken zwischen mehreren Alternativen.				
14) Sicher, welche Digitalkamera am besten geeignet ist.	0,36	14,44		
Vertrauen				
Cronbachs α: --**) niedrigste Faktorladung (expl.): --**) erklärte Varianz (expl.): --**)				
13) Sicher, dem Verkäufer vertrauen zu können.	-- *)	-- *)	-- *)	-- *)
Kaufentscheidungsproblemlösung				
Cronbachs α: --**) niedrigste Faktorladung (expl.): --**) erklärte Varianz (expl.): --**)				
15) In der Lage sein, eine Kaufentscheidung zu treffen.	-- *)	-- *)	-- *)	-- *)

Durchgestrichen   Indikator wurde zur Verbesserung des Cronbachs α eliminiert.
*)   Kann nur bei mindestens drei Indikatoren je Faktor berechnet werden.
*)   Kann nur bei mindestens zwei Indikatoren je Faktor berechnet werden.

Tabelle 6:   Ergebnisse der exploratorischen und konfirmatorischen Faktoranalyse der endogener latenten Variablen (Beratungsergebnis)

1 Entwicklung eines vollständigen Kausalmodells 121

Indikator	Indikator-reliabilität (≥ 0,4)	t-Wert der Faktorlad. (≥ 1,645 5% Niveau)	Faktor-reliabil. (≥ 0,6)	Ø erfasste Varianz (≥ 50%)
Qualität				
Cronbachs α: 0,89 niedrigste Faktorladung (expl.): 0,84 erklärte Varianz (expl.): 77 %				
• Erwartungen an die Rahmenbedingungen erfüllt.	0,61	21,28	0,89	65%
• Erwartungen an das Beratungsgespräch erfüllt.	0,69	23,43		
• Erwartungen an das Beratungsergebnis erfüllt.	0,54	22,12		
• Erwartungen an die Produktberatung erfüllt.	0,77	25,48		

Tabelle 7: Ergebnisse der exploratorischen und konfirmatorischen Faktoranalyse der endogenen latenten Variablen „Qualität"

1.2.3 Parameterschätzung, Modellbeurteilung und Überprüfen der Vermutungen

Die Parameterschätzung beruht auf dem der Abbildung 18 zu entnehmenden vollständigen, aus Mess- und Strukturmodell bestehenden Kausalmodell.[1] Das Strukturmodell erfasst die Abhängigkeiten zwischen Leistungsbestandteilen und der wahrgenommenen Qualität der Produktberatung, die sich aus den in den vorigen Abschnitten erarbeiteten Vermutungen ergeben.

---

[1] Aus Gründen der Übersichtlichkeit wurden die Korrelationen, die Indikatoren und die entsprechenden Messfehler nicht in der Abbildung dargestellt und auf eine formale Notation verzichtet. Dafür wurden die unterstellten Beziehungen des Strukturmodells durch die entsprechende Vermutung gekennzeichnet.

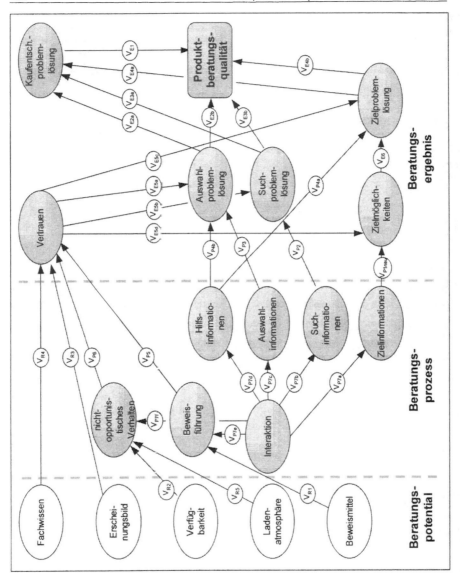

Abbildung 18: Spezifikation des vollständigen Kausalmodells zur Bestimmung der Produktberatungsqualität

Mit 995 Freiheitsgraden ist das Modell identifizierbar. Lediglich die Fehlervarianz des Konstrukts „Existenzinformationen" wird mit -0,016 als negativ angegeben und ist somit entartet. Allerdings konnte diese Varianz lediglich mit einem t-Wert von -0,655 geschätzt werden. In Kombination mit der geringen Höhe der Varianz kann davon ausgegangen werden, dass sich diese Varianz nicht signifikant von null unterscheidet. Auch inhaltlich lässt sich dies nachvollziehen: Mit den Indikatoren „Verkäufer zählt alle relevanten Digitalkameras auf." und „Verkäufer zählt alle Eigenschaften der relevanten Digitalkameras auf." sind alle Informationen abgedeckt, die laut Definition zu den Existenzinformationen zu zählen sind, weshalb es als realistisch erscheint, dass dieses Konstrukt durch diese Indikatoren – zumindest annähernd - vollständig erfasst wird. Die Literatur empfiehlt in einem solchen Fall nicht das Verwerfen des gesamten Modells, sondern die Fehlervarianz auf null zu setzen.[1] Zulässig ist ein solches Verfahren, wenn sich die Anpassungsgüte des Modells dadurch nicht signifikant verschlechtert. Dies wurde durch einen Chi-Quadrat-Differenztest überprüft, bei dem keine signifikante Verschlechterung festgestellt werden konnte.

Insgesamt kann das Modell unter Berücksichtigung der relativ großen Anzahl latenter Variablen als gut angepasst bezeichnet werden. Der Chi-Quadrat-Wert beträgt bei 995 Freiheitsgraden 3354,270 so dass sich ein Quotient von 3,371 (p= 0,000) ergibt. Die weiteren Gütekriterien stellen sich wie folgt dar: GFI= 0,78; AGFI= 0,76; CFI= 0,84; NFI=0,78; RMSEA= 0,065 und RMR= 0,130. Abbildung 19 stellt das Strukturmodell dar, das aus Gründen der Übersichtlichkeit nur die signifikanten standardisierten Pfadkoeffizienten erfasst. Dieses Modell bildet die Grundlage der folgenden Ergebnisinterpretation.

---

[1] Ein solches Phänomen tritt häufig bei Konstrukten auf, die lediglich durch zwei Indikatoren erfasst werden und ist unter der Bezeichnung „Heywood Case" bekannt. Vgl. Loehlin, J.C. (1998), S. 105 u. S. 157; Diamantopoulos, A., Siguaw, J.A. (2000), S. 74 und S. 78; Bollen, K.A. (1989), S. 282 sowie die dort angegebene Literatur.

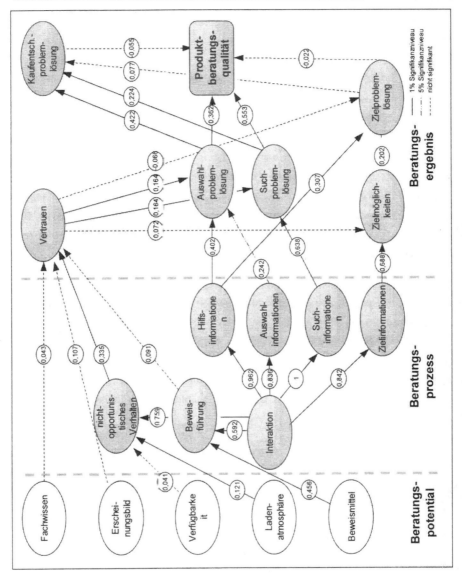

Abbildung 19: Standardisierte Lösung des Strukturmodells zur Bestimmung der Produktberatungsqualität

1 Entwicklung eines vollständigen Kausalmodells

Ein positiver Zusammenhang zwischen Beweismittel und Beweisführung konnte nachgewiesen werden (V_{R1}).[1] Allerdings konnte nicht nachgewiesen werden, dass die Beweisführung vertrauensfördernd wirkt (V_{P5}). Somit ist es fraglich, ob das Vorhandensein von Beweismitteln und ebenso die Beweisführung einen Beitrag zur Produktberatungsqualität leisten. Die Wahrnehmung der Hinweise auf nichtopportunistisches Verhalten wird nachweislich lediglich durch die angenehme Ladenatmosphäre positiv beeinflusst (V_{R5}). Die Wahrnehmung der Hinweise auf nichtopportunistisches Verhalten beeinflussen das Vertrauen, wie vermutet positiv (V_{P6}). Erstaunlich ist, dass sowohl der Einfluss des Erscheinungsbilds (V_{R3}) als auch des Fachwissens (V_{R4}) auf das Vertrauen nicht nachgewiesen werden konnte. So konnte auch in dieser Untersuchung der Einfluss von Rahmenbedingungen auf Potential- und Ergebnisbestandteile nur eingeschränkt nachgewiesen werden.

Der Einfluss des Interaktionsstils auf alle anderen kommunikativen Verhaltensweisen konnte durchweg bestätigt werden (V_{P7a-f}). Bemerkenswert ist dabei die Stärke des positiven Einflusses. So wird die Beweisführung (V_{P7e}) am geringsten mit 0,592 beeinflusst, während Suchinformationen (V_{P7b}) sogar mit einer Stärke von 1 beeinflusst werden. Diese absolute Höhe von 1 lässt sich allerdings auf die auf null fixierte Fehlervarianz von „Suchinformationen" erklären und ist damit nur mit Vorbehalten zu interpretieren.

Der bei der Spezifikation des endogenen Messmodells vermutete Einfluss der Zielinformationen auf die Sicherheit über mögliche Ziele (V_{P1neu}) konnte bestätigt werden, ebenso wie der positive Einfluss dieser Sicherheit auf das Lösen von Zielproblemen (V_{E6}). Auch der positive Einfluss der Hilfsinformationen auf das Lösen von Zielproblemen (V_{P4a}) kann bestätigt werden. Allerdings wird weder der positive Einfluss des Lösens von Zielproblemen auf das Lösen des Kaufentscheidungsproblems (V_{E4a}) noch auf die Produktberatungsqualität (V_{E4b}) nachgewiesen. Dies kann am vorliegenden Datensatz liegen: So sind sich 87% aller Befragten tendenziell[2] sicher, zu

---

[1] Diese und nachfolgende Vermutungen wurden – wenn nicht anders angegeben – auf 1%-Signifikanzniveau nachgewiesen.
[2] Mit dem Ausdruck „tendenziell" ist hier und im Folgenden das Ankreuzen einer der drei Kategorien der angegebenen Hälfte der Skala gemeint. Bsp.: Wurde beim Statement „... wäre ich mir sicher..." die Kategorie 1 (stimme voll zu) bis 3 angekreuzt, so soll davon gesprochen werden, dass sich der Befragte tendenziell sicher ist.

welchem Zweck sie eine Digitalkamera einsetzen möchten. Dies deutet darauf hin, dass das Empfinden von Zielproblemen in der Stichprobe eher gering ausgeprägt ist. Auch der Einfluss des Vertrauens auf die Sicherheit über mögliche Ziele (V_{E5d}) und die Zielproblemlösung (V_{E5c}) wird nicht bestätigt.

Suchinformationen und Vertrauen in den Verkäufer (V_{P2} und V_{E5b}) beeinflussen das Lösen von Suchproblemen nachweislich positiv. Der positive Einfluss des Lösens von Suchproblemen auf das Lösen des Kaufentscheidungsproblems (V_{E3a}) und auf die Produktberatungsqualität (V_{E3b}) konnte nachgewiesen werden, wobei das Lösen von Suchproblemen mit einem geschätzten standardisierten Parameter von 0,553 den größten Einfluss auf die Produktberatungsqualität aufweist.

Der positive Einfluss der Auswahlinformationen auf das Lösen von Auswahlproblemen (V_{P3}) wird – allerdings nur auf 5%-Signifikanzniveau – bestätigt, ebenso wie der Einfluss der Hilfsinformationen (V_{P4b}) und das Vertrauen (V_{E5a}) (wieder auf 1%-Signifikanzniveau). Das Lösen von Auswahlproblemen beeinflusst das Lösen des Kaufentscheidungsproblems (V_{E2a}) sowie die Produktberatungsqualität (V_{E2b}) positiv und hat den stärksten Einfluss (0,422) auf das Lösen des Kaufentscheidungsproblems. Ein positiver Einfluss des Lösens des Kaufentscheidungsproblems auf die Produktberatungsqualität (V_{E1}) konnte nicht nachgewiesen werden. In den folgenden Tabellen (Tabelle 8 und Tabelle 9) wurden alle Vermutungen zu den Bestimmungsgrößen der Produktberatungsqualität, die bestätigt bzw. nicht bestätigt wurden, überblicksartig zusammengefasst.

1 Entwicklung eines vollständigen Kausalmodells

		Vermutung	
Beratungspotential	V_{R1}	Die zur Verfügung stehenden Beweismittel beeinflussen das Beweisen von Sachinhalten positiv.	✓
	V_{R2}	Die Verfügbarkeit des Verkäufers beeinflusst das Wahrnehmen von Hinweisen auf nicht-opportunistisches Verhalten positiv.	⊘
	V_{R3}	Ein angenehmes Erscheinungsbild des Verkäufers beeinflusst das Vertrauen positiv.	⊘
	V_{R4}	Das wahrgenommene Fachwissen des Verkäufers beeinflusst das Vertrauen des Kunden positiv.	⊘
	V_{R5}	Eine angenehme Ladenatmosphäre beeinflusst die Wahrnehmung der Hinweise auf nicht-opportunistisches Verhalten positiv.	✓
Beratungsprozess	V_{P1neu}	Zielinformationen beeinflussen die Sicherheit über mögliche Ziele positiv.	✓
	V_{P2}	Suchinformationen beeinflussen das Lösen von Suchproblemen positiv.	✓
	V_{P3}	Auswahlinformationen beeinflussen das Lösen von Auswahlproblemen positiv.	✓
	V_{P4a}	Hilfsinformationen beeinflussen das Lösen von Zielproblemen positiv.	✓
	V_{P4b}	Hilfsinformationen beeinflussen das Lösen von Auswahlproblemen positiv.	✓
	V_{P5}	Das Beweisen von Sachinhalten beeinflusst das Vertrauen positiv.	⊘
	V_{P6}	Hinweise auf nicht-opportunistisches Verhalten beeinflussen das Vertrauen positiv.	✓
		Der Interaktionsstil hat einen Einfluss auf das Wahrnehmen	
	V_{P7a}	der Zielinformationen,	✓
	V_{P7b}	der Suchinformationen,	✓
	V_{P7c}	der Auswahlinformationen,	✓
	V_{P7d}	der Hilfsinformationen,	✓
	V_{P7e}	des Beweisens von Sachinhalten und	✓
	V_{P7f}	der Hinweise auf nicht-opportunistisches Verhalten.	✓
		✓ bestätigt ⊘ nicht bestätigt	

Tabelle 8: Tabellarische Zusammenfassung der Vermutungen zu Bestimmungsgrößen der Produktberatungsqualität (I)

	Vermutung	
Beratungsergebnis — V_{E1}	Das Lösen des Kaufentscheidungsproblems beeinflusst die Produktberatungsqualität positiv.	⊘
V_{E2a}	Das Lösen von Auswahlproblemen beeinflusst das Lösen des Kaufentscheidungsproblems positiv.	✓
V_{E3a}	Das Lösen von Suchproblemen beeinflusst das Lösen des Kaufentscheidungsproblems positiv.	✓
V_{E4a}	Das Lösen von Zielproblemen beeinflusst das Lösen des Kaufentscheidungsproblems positiv.	⊘
V_{E2b}	Das Lösen von Auswahlproblemen beeinflusst die Produktberatungsqualität positiv.	✓
V_{E3b}	Das Lösen von Suchproblemen beeinflusst die Produktberatungsqualität positiv.	✓
V_{E4b}	Das Lösen von Zielproblemen beeinflusst die Produktberatungsqualität positiv.	⊘
V_{E5c}	Das dem Berater entgegengebrachte Vertrauen des Kunden beeinflusst das Lösen von Zielproblemen positiv.	⊘
V_{E5b}	Das dem Berater entgegengebrachte Vertrauen des Kunden beeinflusst das Lösen von Suchproblemen positiv.	✓
V_{E5a}	Das dem Berater entgegengebrachte Vertrauen des Kunden beeinflusst das Lösen von Auswahlproblemen positiv.	✓
V_{E5d}	Vertrauen beeinflusst die Sicherheit über mögliche Ziele positiv.	⊘
V_{E6}	Sicherheit über mögliche Ziele beeinflusst das Lösen von Zielproblemen positiv.	✓
	✓ bestätigt ⊘ nicht bestätigt	

Tabelle 9: Tabellarische Zusammenfassung der Vermutungen zu Bestimmungsgrößen der Produktberatungsqualität (II)

1.3 Einfluss des Kaufentscheidungsproblems auf die Produktberatungsqualität

Bei der Operationalisierung des Kaufentscheidungsproblems wurden mehrere Indikatoren herangezogen.[1] Das individuelle Kaufentscheidungsproblem und seine Art kann durch einen mehrstufigen Analyseprozess aufgedeckt werden:

Die Frage 6) zum Kauf einer Digitalkamera („... würde mir die Entscheidung sehr leicht fallen") dient dem Identifizieren einer Barriere, die das Treffen einer Kaufentscheidung verhindert. So können jene Datensätze aus der Analyse des Kaufentscheidungsproblems ausgeschlossen werden (n=36), in denen diesem Statement voll zugestimmt wurde[2], da die entsprechenden Befragten offensichtlich keinerlei Barriere wahrgenommen haben (vgl.Abbildung 20). Da das Vorhandensein einer Barriere nur ein notwendiges Kriterium für die Existenz eines Problems ist, wird als hinreichendes Kriterium festgestellt, wie hoch das Streben zur Überwindung einer

---

[1] Die Nummerierung der Indikatoren entspricht der Nummerierung der Fragen im Fragebogen in der Kategorie „1. Kauf einer Digitalkamera".

[2] Dies entspricht dem Ankreuzen der Kategorie 1 der Ratingskala.

solchen Barriere ausgeprägt ist. Hierfür wurde das individuelle Involvement erhoben.

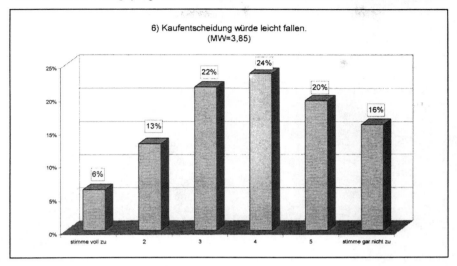

Abbildung 20 : Barriere einer Kaufentscheidung

Bei der Operationalisierung des individuellen Produkt(-klassen)involvements wurde auf einen bereits erprobten und etablierten Operationalisierungsansatz zurückgegriffen.[1] Bei dieser Skala wird das Involvement mehrdimensional erfasst. Der erste Indikator (Frage 7) dient dem Messen der Bedeutung einer Fehlentscheidung, der zweite Indikator (Frage 8) mißt „Wahrscheinlichkeit des Auftretens einer Fehlentscheidung" und der letzte Indikator (Frage 9) operationalisiert das Interesse an einer Produktklasse. Die Ergebnisse werden in Abbildung 21, Abbildung 22 und Abbildung 23 verdeutlicht.

---

[1] Vgl. zu diesem Operationalsierungsansatz Fischer, J. (2001), S. 170ff.

130   D Empirische Analyse der Produktberatungsqualität

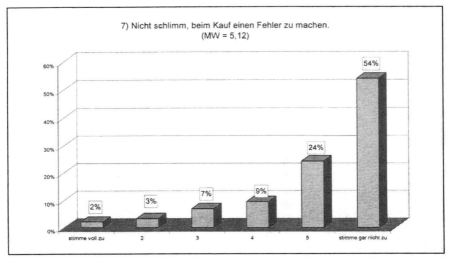

Abbildung 21:   Involvement (Indikator 1)

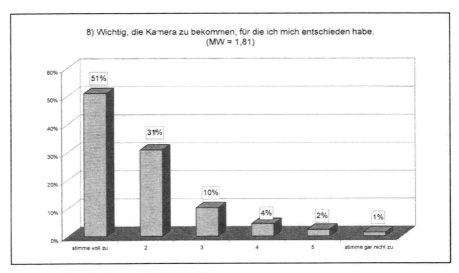

Abbildung 22:   Involvement (Indikator 2)

1 Entwicklung eines vollständigen Kausalmodells

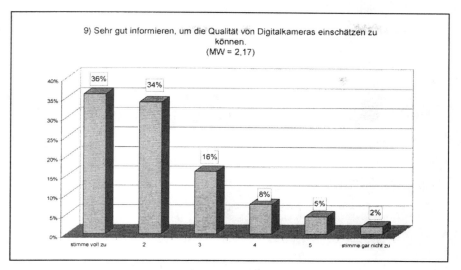

Abbildung 23: Involvement (Indikator 3)

Augenscheinlich deuten die Ergebnisse darauf hin, dass die Befragten beim Kauf einer Digitalkamera hoch involviert sind. Um einen individuellen Wert des Produktinvolvements zu berechnen, müssen diese drei Indikatoren aggregiert werden. Voraussetzung hierfür ist, dass alle drei Indikatoren tatsächlich Involvement messen. Die Überprüfung dieses Zusammenhangs erfolgt über die konfirmatorische Faktorenanalyse. Das als Reliabilitätsmass ermittelte Cronbachsche α unterschreitet den geforderten Mindestwert (α= 0,4) minimal.[1] Auch die weiteren Gütekriterien deuten daraufhin, dass diese drei Indikatoren nicht ein gemeinsames Konstrukt „Involvement" erfassen: Explorativ werden lediglich 45% der Varianz, konfirmatorisch sogar durchschnittlich nur 22% der Varianz der Indikatoren durch einen Faktor „Involvement" erklärt. Auch die Indikatorreliabilitäten weisen darauf hin, dass lediglich der Indikator „Wichtig, die Kamera zu bekommen, für die ich mich entschieden habe." akzeptiert werden konnte. Die Ergebnisse der Gütebeurteilung werden in Tabelle 10 überblicksartig präsentiert. Das Involvement-Konstrukt kann somit nicht nachgewiesen werden. Somit lässt sich auch das individuelle Ausmaß des Kaufentscheidungsproblems nicht ermitteln. Dies lässt sich eventuell dadurch erklären,

---

[1] Für die Faktorbildung wurden die Werte der Indikatoren 8) und 9) aufgrund der gegensinnigen Statementformulierung mittels $Ratingwert_{transfer} = 7 - Ratingwert$ transformiert.

dass die Befragten sich nicht in eine entsprechende Kaufentscheidungssituation hineinversetzt haben, was ar der geringen persönlichen Relevanz des Kaufs einer Digitalkamera[1] und an der Befragungssituation in der Mensa liegen kann.

Indikator	Indikator-reliabilität (≥ 0,4)	t-Wert der Faktorlad. (≥ 1,645 5% Niveau)	Faktor-reliabil. (≥ 0,6)	Ø erfasste Varianz (≥ 50%)
Involvement				
Cronbachs α: 0,37 Niedrigste Faktorladung (expl.): 0,57 Erklärte Varianz (expl.): 45%				
7) Nicht schlimm, beim Kauf einen Fehler zu machen.	0,12	3,96	0,40	22%
8) Wichtig, die Kamera zu bekommen, für die ich mich entschieden habe.	0,46	4,32		
9) Sehr gut informieren, um die Qualität von Digitalkameras einschätzen zu können.	0,07	3,68		

Tabelle 10:   Ergebnisse der exploratorischen und der konfirmatorischen Faktoranalyse der latenten Variablen des Kaufentscheidungsproblems

Die Art des Kaufentscheidungsproblems wird durch die folgenden Indikatoren ermittelt:

Wenn ich jetzt vor der Aufgabe stünde, eine Digitalkamera zu kaufen, ...

1)   ... wäre ich mir sehr sicher, wozu genau ich diese Kamera einsetzen möchte.

2)   ... wäre ich mir sehr sicher, alle für mich relevanten Kameras zu kennen.

3)   ... wäre ich mir sehr sicher, alle für mich relevanten Eigenschaften der für mich relevanten Kameras zu kennen.

4)   ... wäre ich mir bzgl. der Bewertung der für mich relevanten Kameras sehr sicher.

5)   ... wäre ich mir sicher, welche Kamera ich wählen würde.

Abbildung 24:   Indikatoren zur Bestimmung der Problemart

Für eine spätere Analyse der moderierenden Effekte der Problemart auf die Produktberatungsqualität ist es erforderlich, zunächst die Problemart zu ermitteln, die beim Befragten am stärksten ausgeprägt ist. Aufgrund der Tatsache, dass das individuelle Ausmaß des Kaufentscheidungsproblems nicht ermittelt werden kann, wird davon

---

[1] Nur 82 der Befragten (19%) gaben an, in den nächsten drei Monaten eine Digitalkamera kaufen zu wollen.

ausgegangen, dass die Existenz einer Barriere durch den Indikator „Kaufentscheidung würde leicht fallen." (Frage 6)) das Vorhandensein eines Kaufentscheidungsproblems im Sinne einer notwendigen Bedingung anzeigt. Die Problemart wird dabei durch die erhobenen Unsicherheitsarten (Indikatoren 1)-5)) charakterisiert, wobei nicht die absolute Höhe der Unsicherheitsarten ausschlaggebend ist, sondern deren Relation untereinander. So wurde auf individueller Ebene den Befragten die Problemart unterstellt, die sich aufgrund der höchsten Unsicherheit ergibt. Dem Befragten wird z.B. ein Zielproblem unterstellt, wenn der Ratingwert beim Indikator 1) höher ist, als Ratingwerte der Indikatoren 2) bis 5): Er scheint dann vordergründig ein Zielproblem zu haben, auch wenn eine gewisse Unsicherheit bzgl. der weiteren Arten des Produktwissens vorherrscht. Indikator 1) erhebt also die Unsicherheit bzgl. der Konsumziele. Die Indikatoren 2) und 3) messen die Unsicherheit bzgl. der Existenz der Alternativen und ihrer Charakteristika. Indikator 2) misst dabei die Unsicherheit bzgl. der Existenz von Alternativen, während Indikator 3) die Unsicherheit bzgl. der Charakteristika der relevanten Alternativen erhebt. Da keinerlei Erkenntnisse darüber vorliegen, wie diese beiden Indikatoren zu aggregieren sind, soll davon ausgegangen werden, dass der Maximalwert beider Indikatoren das Ausmaß der Unsicherheit in dieser Problemdimension repräsentiert. Ebenso wird bei den Indikatoren 4) und 5) vorgegangen, die die Unsicherheit bzgl. der Alternativenbewertung erheben. Treten in den unterschiedlichen Dimensionen die gleichen Ratingwerte auf, so wird dem Befragten ein kombiniertes Problem unterstellt. Aufgrund dieses Vorgehens ergibt sich folgendes Bild bzgl. der Verteilung der Problemarten:[1]

---

[1] Die Prozentwerte beziehen sich auf die gültigen Werte. So konnten 13 Fälle aufgrund fehlender Werte nicht gewertet werden.

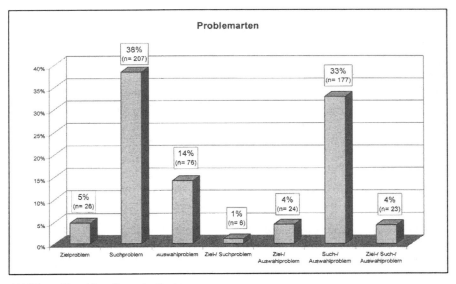

Abbildung 25: Verteilung der Problemarten

Um die Vermutungen bzgl. des moderierenden Effekts der Art des Kaufentscheidungsproblems zu ermitteln, müssen die Wichtigkeiten in den unterstellten Beziehungen der latenten Variablen des vollständigen Kausalmodells der Produktberatungsqualität ermittelt werden. Da für ein Kausalmodell, das auf der ML-Schätzmethode basiert, eine Stichprobe von mindestens n ≥ 200 gefordert wird, konnte dies bei der vorliegenden Datengrundlage lediglich für Suchprobleme (n = 207) durchgeführt werden. Allerdings kann die Kausalanalyse aufgrund fehlender Werte in der Beurteilung der Leistungsbestandteile nur auf der Basis von n= 195 Datensätzen durchgeführt werden. Auf der Grundlage dieser Teil-Stichprobe lässt sich das spezifizierte Kausalmodell nicht identifizieren. So kann die Analyse moderierender Effekte, die in Tabelle 1 überblicksartig aufgeführt sind, nicht durchgeführt werden.

1 Entwicklung eines vollständigen Kausalmodells

		Vermutung
Beratungsergebnis	Vm1a	Steht der Kunde überwiegend vor einem Auswahlproblem, wird das Lösen dieses Teilproblems einen stärkeren Einfluss auf das Lösen des Kaufentscheidungsproblems und die Produktberatungsqualität nehmen, als das Lösen der anderen Teilprobleme.
	Vm1b	Steht der Kunde überwiegend vor einem Suchproblem, wird das Lösen dieses Teilproblems einen stärkeren Einfluss auf das Lösen des Kaufentscheidungsproblems und die Produktberatungsqualität nehmen, als das Lösen der anderen Teilprobleme.
	Vm1c	Steht der Kunde überwiegend vor einem Zielproblem, wird das Lösen dieses Teilproblems einen stärkeren Einfluss auf das Lösen des Kaufentscheidungsproblems und die Produktberatungsqualität nehmen, als das Lösen der anderen Teilprobleme.
Beratungsprozess	Vm2a	Bei einem Zielproblem wirken sich Ziel- und Hilfsinformationen stärker indirekt positiv auf die Produktberatungsqualität aus als Such- und Auswahlinformationen.
	Vm2b	Bei einem Suchproblem wirken sich Suchinformationen stärker indirekt positiv auf die Produktberatungsqualität aus als Ziel-, Auswahl- und Hilfsinformationen.
	Vm2c	Bei einem Auswahlproblem wirken sich Auswahl- und Hilfsinformationen stärker indirekt positiv auf die Produktberatungsqualität aus als Ziel- und Suchinformationen.
	Vm3a	Bei einem Zielproblem beeinflussen Hinweise auf nicht-opportunistisches Verhalten das Vertrauen stärker positiv als das Beweisen von Sachinhalten.
	Vm3b	Bei einem Suchproblem beeinflusst das Beweisen von Sachinhalten das Vertrauen stärker als die Hinweise auf nicht-opportunistisches Verhalten.
	Vm3c	Bei einem Auswahlproblem beeinflussen Hinweise auf nicht-opportunistisches Verhalten das Vertrauen stärker positiv als das Beweisen von Sachinhalten.

Tabelle 11: Tabellarische Zusammenfassung der Vermutungen zum moderierenden Effekt des Kaufentscheidungsproblems

2 Diskussion und Implikationen der Ergebnisse

2.1 Wissenschaftliche Bewertung der Ergebnisse

2.1.1 Zusammenfassung der zentralen Erkenntnisse

Durch das spezifizierte Strukturmodell lassen sich 58% der Varianz der wahrgenommenen Produktberatungsqualität erklären. Dabei handelt es sich um einen für die Qualitätsmessung sehr hohen Wert. Beispielsweise liegen die im Rahmen der Entwicklung der SERVQUAL-Skala erreichten Varianzerklärungen im Durchschnitt bei 36%.[1] Zusätzlich konnten die im Teil C dieser Arbeit hergeleiteten Vermutungen überwiegend bestätigt werden. Die bestätigten Wirkungen weisen alle die vermutete Richtung auf. Auf den Nachweis des moderierenden Effekts der Kaufentscheidungsproblemart musste aufgrund der Datengrundlage und der damit verbundenen geringen Stichprobengrößen der Teilstichproben verzichtet werden.

Auch in dieser Untersuchung konnte der Einfluss von Potentialfaktoren auf die Qualität nur unzureichend nachgewiesen werden. Die in diesem Bereich bestehende Forschungslücke wird somit nicht geschlossen. Lediglich die angenehme Ladenatmosphäre beeinflusst die Produktberatungsqualität, und zwar indirekt. Bei den Beweismitteln kann eine solche Wirkung nicht nachgewiesen werden, da diesen ein indirektes Wirken über die Beweisführung unterstellt wurde und der Pfad zur Produktberatungsqualität beim Zusammenhang zwischen Beweisführung und Vertrauen nicht mehr signifikant nachweisbar ist. Der Pfad „reißt" an dieser Stelle ab.

Der nicht-signifikante Zusammenhang zwischen den Konstrukten „Beweisführung" und „Vertrauen" lässt sich eventuell dadurch erklären, dass von einem Verkäufer gar nicht erwartet wird, dass dieser Alternativen nennt, die er nicht führt. Auch das Heranziehen von Anschauungsmaterial wird eventuell nicht der Beratung durch den Verkäufer zugeschrieben, sondern den Voraussetzungen, die das Handelsunternehmen schafft. Des Weiteren steht solches Material in der Regel dem Kunden zur freien Verfügung und ist somit nicht der Kontrolle des Verkäufers unterstellt.

Bemerkenswert ist der hohe Einfluss des Interaktionsstils, sowohl der direkte Einfluss auf die weiteren kommunikativen Bestandteile als auch sein indirekter Einfluss auf

---

[1] Vgl. Parasuraman, A., Zeithaml, V.A., Berry, L.L. (1988), S. 34.

die Produktberatungsqualität (0,58). Dies unterstreicht die besondere Bedeutung der interaktionalen Beziehung in der Produktberatung in Bezug auf das Qualitätserleben der Kunden.

Dass das Lösen des gesamten Kaufentscheidungsproblems, also das Ausräumen der Barriere, keinen signifikanten Einfluss auf die Produktberatungsqualität hat, überrascht zunächst. Dies mag allerdings damit zusammenhängen, dass bei den Befragten zwar das Wahrnehmen von Barrieren nachgewiesen werden konnte, nicht aber der Umstand, dass die Befragten diese Barrieren als Problem empfinden, sich also diesen Barrieren stellen wollen. So lässt sich der nicht nachweisbare Einfluss sehr wahrscheinlich auf den vorliegenden Datensatz zurückführen. Dadurch werden auch unmittelbar die Grenzen dieser empirischen Untersuchung deutlich.

2.1.2 Grenzen der Untersuchung und weiterer Forschungsbedarf

In die empirische Untersuchung wurden nur Besucher der Mensen der RWTH Aachen einbezogen, was wie bereits erwähnt in einem sehr hohen Anteil Studierender im Datensatz mit den damit verbundenen Altersstrukturen resultiert. Obwohl vieles dafür spricht, dass die bestätigten Vermutungen auch auf andere Gruppen von Befragten übertragbar sind, könnten die Besonderheiten der Datensätze die Untersuchungsergebnisse beeinflusst haben. Aus diesem Grund können auch keine verbindlichen Aussagen über die Generalisierbarkeit der Untersuchungsergebnisse getroffen werden.

Eine weitere Einschränkung der Generalisierbarkeit der Ergebnisse resultiert aus dem Umstand, dass als Referenzprodukt die Digitalkamera gewählt wurde. So ist es durchaus vorstellbar, dass andere Produktklassen unterschiedliche Erwartungen an die Produktberatung bei Kunden hervorrufen. Allerdings wurde bei der Formulierung der Hypothese darauf geachtet, dass diese sich nicht an spezifischen Eigenheiten der Digitalkamera festmachen, so dass auch hier eine Übertragbarkeit auf andere Produktklassen denkbar ist.

Die oben aufgezeigten Grenzen der Untersuchung machen deutlich, dass es wünschenswert ist, das Modell auch bei anderen Kundengruppen und in Bezug auf andere Produktklassen zu testen. Insbesondere sind solche Replikationsstudien notwendig, um allgemeingültige Aussage treffen zu können.

Es ist auch wünschenswert, die offenen Forschungsfragen in Bezug auf den moderierenden Effekt der Art des Kaufentscheidungsproblems zu untersuchen. Im vorliegenden Fall würde dies bedeuten, dass die Befragung in einer Situation durchgeführt wird, in der die Befragten tatsächlich vor einem Kaufentscheidungsproblem stehen. Beim Sichten der Literatur überrascht es auch, dass ein so häufig analysiertes Phänomen wie die Kaufentscheidung nie unter dem Aspekt des Problems analysiert wurde. Bessere Kenntnisse über Kaufentscheidungsprobleme könnten dabei durchaus Ansatzpunkte liefern, Kunden zu gewinnen, die ohne Hilfe vor einer Kaufentscheidung zurückschrecken und von einem Kauf letztendlich absehen.

2.2 Implikationen für die Praxis

Vorrangiges Ziel der Arbeit ist es, einen theoretisch fundierten Bezugsrahmen der Bestimmungsgrößen der Produktberatungsqualität zu entwickeln. Aufgrund dieses Rahmens und der darauf basierenden empirischen Erkenntnisse lassen sich bedingte Aussagen für die Gestaltung der Produktberatung und deren Qualitätsmanagement im stationären Einzelhandel ableiten.

Zunächst liefert der vorliegende Bezugsrahmen der Produktberatungsqualität *Anhaltspunkte für den Verkäufer.* Er gibt theoretisch fundiert Aufschluss darüber, was ein Kunde bei einer Produktberatung erwartet und folglich, wie der Verkäufer sich verhalten sollte. Die detaillierte theoretische Analyse des Kaufentscheidungsproblems liefert darüber hinaus wertvolle Hinweise für den Verkäufer, mit welchen Problemarten ein Kunde ihn konfrontieren kann, so dass es ihm möglich wird, sich adäquat auf Beratungsgespräche vorzubereiten und in der Beratungssituation und kompetent reagieren zu können. Dieses Wissen kann *dem Handelsunternehmen* als Grundlage der Ausbildung und des Trainings des Verkaufspersonals dienen und ist die Voraussetzung für den Auf- und Ausbau entsprechender Fähigkeiten des Verkaufspersonals.

Die entwickelte Messskala kann mit geringen Modifikationen auch für ein anbieterspezifisches und/ oder produktspezifisches Erheben der Produktberatungsqualität genutzt werden. Sie stellt dabei nur ein Grundgerüst für das Messen dar; bei Bedarf können die Indikatoren zum Erheben der latenten Konstrukte hinzugefügt oder verändert werden, etwa wenn die Beratungsqualität in Bezug auf andere Produktklassen erhoben werden soll. Aufgrund der einstellungsorientierten Qualitätsmessung können auf diese Weise nicht nur Kunden, sondern mit der gleichen Skala auch Mitarbeiter befragt werden. Dies ermöglicht den Vergleich der Qualitätswahrnehmung auf Kundenseite und der Ansicht des Verkaufspersonals, welche Qualität erzeugt wurde. Diese Informationen können in das Qualitätsmanagement im Rahmen einer Gap-Analyse einfließen, um Potentiale zur Qualitätssteigerung aufzudecken.[1]

Allerdings bleibt zu klären, ob eine hohe wahrgenommene Produktberatungsqualität auch erfolgswirksam ist. Nur wenn dies der Fall ist, lohnt sich die Investition in das Training des Verkaufspersonals und in ein Produktberatungsqualitätsmanagement. Um wenigstens Anhaltspunkte für die Beantwortung dieser Frage zu erhalten, wurde der Fragebogen um drei Fragen erweitert, die sich zum einen mit der Wirkung auf das Kaufverhalten und zum anderen auf die Kundenbindung beziehen. Hierbei wurde nicht mehr Bezug auf die Qualität der Produktberatung, sondern auf die Zufriedenheit mit dieser genommen. Ein solches Vorgehen wurde gewählt, da der Qualität keine direkte Verhaltenswirksamkeit unterstellt wird. Vielmehr ist Qualität als Vorstufe der verhaltenswirksamen Zufriedenheit zu sehen. Die Fragen unterstellen dem Kunden durch die einleitende Frage „Wie verhalten Sie sich, wenn Sie mit einer Produktberatung sehr zufrieden sind?" eine hohe Zufriedenheit.

Die angegebenen Auswirkungen auf das Kaufverhalten, wenn der Befragte sehr zufrieden mit der Produktberatung ist, hinterlassen im vorliegenden Fall ein widersprüchliches Bild: 72% der Befragten stimmten tendenziell zu, das nach der Beratung als ideal anzusehende Produkt sofort zu kaufen, aber 86% stimmten tendenziell zu, das Produkt nicht sofort zu kaufen, sondern erst zu prüfen, ob das gleiche Produkt auch zu einem günstigeren Preis zu erwerben ist. Zurückführen lässt sich ein solches Antwortverhalten eventuell auf einen Motivkonflikt. So ist man sich einerseits bewusst, dass es einer gewissen Fairness entspringt, nach einer zufrieden stellenden, kostenlosen Beratung auch ein Produkt bei dem entsprechenden Handelsunternehmen zu kaufen. Zum anderen gilt es als klug, alle Möglichkeiten zum Sparen zu nutzen („Geiz ist geil!") und zunächst einen Preisvergleich durch-

---

[1] Vgl. Parasuraman, A., Zeitham, V.A., Berry, L.L. (1985), S. 44.

zuführen. Eine eindeutige Wirkung auf das Kaufverhalten lässt sich somit nicht ableiten.

Immerhin stimmten 92% der Befragten tendenziell zu, sich beim nächsten Mal wieder in dem Geschäft beraten zu lassen, in dem sie sehr zufrieden mit der Beratung waren. Dieses Ergebnis deutet stark darauf hin, dass die Produktberatung als Instrument zur Kundenbindung angesehen werden kann.

E Zusammenfassender Überblick über wesentliche Untersuchungsergebnisse

Das wesentliche Ziel dieser Untersuchung besteht darin, theoretisch fundiert Bestimmungsgrößen der Produktberatungsqualität im Einzelhandel aufzudecken. Hierfür wurde zunächst der Begriff der Produktberatungsqualität bestimmt, darauf aufbauend Produktberatungsqualität konzeptualisiert und die dabei theoretisch abgeleiteten Bestimmungsgrößen – oder auch Teilqualitäten – empirisch überprüft.

Die Begriffsbestimmung der Produktberatungsqualität zeigte, dass die Produktberatung als Bestandteil des persönlichen Verkaufs im Einzelhandel betrachtet werden kann. In diesem Zusammenhang stellt sie eine besondere innere Haltung des Verkäufers im Verkaufsgespräch dar, bei dem nicht primär der unmittelbare Kaufabschluss angestrebt wird. Darüber hinaus wurde der Dienstleistungscharakter der Produktberatung herausgestellt.

Um Erwartungen an die Produktberatung ableiten zu können, wurde das Phänomen des Kaufentscheidungsproblems näher beleuchtet. Hierfür wurden Erkenntnisse der Problemforschung mit Erkenntnissen der Kaufentscheidungsforschung kombiniert. Dies ermöglichte eine differenzierte Betrachtung der Ursachen, aufgrund derer ein Konsument sich nicht für eine Alternative aus einer Gruppe gleichartiger Produkte entscheiden kann. Dadurch wurde die theoretische Basis für die Konzeptualisierung der Produktberatungsqualität geschaffen.

Für die Konzeption des Bezugsrahmens zur Bestimmung der Produktberatungsqualität wurde – in Anlehnung an die Vorgehensweisen zur Bestimmung von Dienstleistungsqualität – eine prozessorientierte Vorgehensweise gewählt. Hierbei wurden die Besonderheiten des persönlichen Verkaufs berücksichtigt, indem nicht nur der Austausch sachlicher Informationen und deren Wirkungen betrachtet wurden, sondern ebenso Informationen, die die Beziehung zwischen Kunde und Verkäufer prägen. Eine besondere Bedeutung spielte hierbei der Umstand, dass am Ende des Beratungsgesprächs der Kunde sicher sein sollte, dem Verkäufer vertrauen zu können. Um dieses Ziel zu erreichen, sollte der Verkäufer dem Kunden ein hohes Maß an Aufmerksamkeit schenken und auf diesen eingehen (aktives Zuhören). Darüber hinaus scheint der Interaktionsstil des Verkäufers einen hohen Einfluss auf das Beratungsgespräch auszuüben, was insbesondere die empirische Untersuchung ergab. So sollte der Verkäufer sich in der Interaktion mit dem Kunden sachlich, objektiv und höflich artikulieren. Den Rahmenbedingungen der Produktberatung wie dem Erscheinungsbild des Verkäufers oder der Ladenatmosphäre kann – auch auf Basis der empirischen Ergebnisse – keine besondere Bedeutung für die Produktberatungsqualität zugesprochen werden.

Insgesamt kann festgehalten werden, dass die theoretisch hergeleiteten Bestimmungsgrößen in einem hohen Maße die gemessene Produktberatungsqualität beeinflussen. So können diese auch als Ausgangspunkt zur Konzeption der Produktberatung im Einzelhandel dienen. Dabei sei allerdings darauf hingewiesen, dass das Beachten dieser Größen hohe Anforderungen an den Verkäufer stellt. So muss dieser neben fachlicher Qualifikation auch hohe empathische Fähigkeiten aufweisen, um eine hohe Beratungsqualität zu erreichen.

Anhang A Fragebogen

Fragebogen

Produktberatungsqualität im Facheinzelhandel

Im Rahmen meiner Promotion zum Thema Produktberatung im Facheinzelhandel möchte ich Ihnen gerne einige Fragen stellen. Ziel der Befragung ist es, Ansatzpunkte für eine bessere Produktberatung in Fachgeschäften zu finden. Ich bitte Sie daher, sich <u>ca. 15 Minuten</u> Zeit zu nehmen, um den vorliegenden Fragebogen auszufüllen.

Bei der Beantwortung ist ausschließlich <u>Ihre persönliche Meinung</u> wichtig.

Ihre <u>Anonymität</u> ist bei Teilnahme an der Befragung absolut gewährleistet!

Sollten Sie Rückfragen oder Anmerkungen bzgl. des Fragebogens haben, können Sie gerne mit mir Kontakt aufnehmen:

> Michael Stiller
> Lehrstuhl für Unternehmenspolitik und Marketing
> Tel.: 80- 9 61 80
> eMail: ms@lum.rwth-aachen.de

1. Kauf einer Digitalkamera

Stellen Sie sich bitte vor, Sie beabsichtigen jetzt – in diesem Moment – eine Digitalkamera zu kaufen!
Bitte beurteilen Sie, inwiefern die folgenden Aussagen auf Sie zutreffen! Bringen Sie Ihre Beurteilung bitte durch Ankreuzen der entsprechenden Zahlen von ① (= stimme voll zu) bis ⑥ (= stimme gar nicht zu) zum Ausdruck. Nutzen Sie dabei bitte die <u>vollständige Bandbreite der Skalen</u>.

Bei der Beantwortung der Fragen geht es nicht darum, welche Bedingungen für eine Kaufentscheidung erfüllt sein müssen, sondern darum, wie sich Ihre Entscheidungssituation darstellen würde.

Wenn ich jetzt vor der Aufgabe stünde, eine Digitalkamera zu kaufen, ...

		stimme voll zu				stimme gar nicht zu	weiß nicht
1)	... wäre ich mir sehr sicher, wozu genau ich diese Kamera einsetzen möchte.	①	②	③	④	⑤ ⑥	O
2)	... wäre ich mir sehr sicher, alle für mich relevanten Kameras zu kennen.	①	②	③	④	⑤ ⑥	O
3)	... wäre ich mir sehr sicher, alle für mich relevanten Eigenschaften der für mich relevanten Kameras zu kennen.	①	②	③	④	⑤ ⑥	O
4)	... wäre ich mir bzgl. der Bewertung der für mich relevanten Kameras sehr sicher.	①	②	③	④	⑤ ⑥	O
5)	... wäre ich mir sicher, welche Kamera ich wählen würde.	①	②	③	④	⑤ ⑥	O
6)	... würde mir die Entscheidung sehr leicht fallen.	①	②	③	④	⑤ ⑥	O
7)	... wäre es nicht so schlimm, wenn ich beim Kauf einen Fehler machen würde (Fehlkauf).	①	②	③	④	⑤ ⑥	O
8)	... wäre es mir sehr wichtig, auch tatsächlich die Kamera zu bekommen, für die ich mich entschieden habe.	①	②	③	④	⑤ ⑥	O
9)	... müsste ich mich schon sehr gut informieren, um die Qualität von Digitalkameras einschätzen zu können.	①	②	③	④	⑤ ⑥	O
10)	... würde ich mich von einem Verkäufer beraten lassen.	①	②	③	④	⑤ ⑥	O

Produktberatungsqualität im Facheinzelhandel

2. Qualität einer Produktberatung

Stellen Sie sich bitte weiterhin vor, dass Sie beabsichtigen eine Digitalkamera zu kaufen und sich nun in ihrem bevorzugten Fachgeschäft befinden! Versuchen Sie, sich dabei Ihre persönliche Entscheidungssituation vor Augen zu halten! Beim Beantworten der Fragen geht es **nicht** darum, wie Sie sich eine Produktberatung wünschen, sondern wie Sie meinen, dass eine Produktberatung aller Wahrscheinlichkeit nach ist.

Qualität der Rahmenbedingungen einer Produktberatung

		stimme voll zu				stimme gar nicht zu		weiß nicht
1)	Der Verkäufer ist ungefähr in meinem Alter.	①	②	③	④	⑤	⑥	○
2)	Der Verkäufer ist mir von seiner Art her sehr ähnlich.	①	②	③	④	⑤	⑥	○
3)	Der Verkäufer hat ein sehr angenehmes Erscheinungsbild.	①	②	③	④	⑤	⑥	○
4)	Der Verkäufer besitzt ein sehr großes Fachwissen.	①	②	③	④	⑤	⑥	○
5)	Der Verkäufer steht sofort für die Produktberatung zur Verfügung.	①	②	③	④	⑤	⑥	○
6)	Der Verkäufer steht absolut nicht unter Zeitdruck.	①	②	③	④	⑤	⑥	○
7)	Ich kann mich mit dem Verkäufer völlig ungestört unterhalten.	①	②	③	④	⑤	⑥	○
8)	Es herrscht eine sehr angenehme Ladenatmosphäre.	①	②	③	④	⑤	⑥	○
9)	Es besteht die Möglichkeit alle Digitalkameras zu testen.	①	②	③	④	⑤	⑥	○
10)	Es steht für jede Kamera Informationsmaterial (Hersteller-Prospekte, Testberichte usw.) zur Verfügung.	①	②	③	④	⑤	⑥	○
11)	Es existiert eine optimal große Auswahl an Digitalkameras.	①	②	③	④	⑤	⑥	○

	stimme voll zu				stimme gar nicht zu		weiß nicht
Alles in Allem sind meine Erwartungen an die Rahmenbedingungen der Produktberatung optimal erfüllt.	①	②	③	④	⑤	⑥	○

Qualität des Produktberatungsgesprächs

Während der Beratung...

		stimme voll zu				stimme gar nicht zu		weiß nicht
1)	... erklärt der Verkäufer mir alle gegenwärtigen Einsatzmöglichkeiten von Digitalkameras und ihre Grenzen.	①	②	③	④	⑤	⑥	○
2)	... erklärt der Verkäufer mir nur die für mich relevanten gegenwärtigen Einsatzmöglichkeiten von Digitalkameras.	①	②	③	④	⑤	⑥	○
3)	... erklärt der Verkäufer mir alle zukünftigen Einsatzmöglichkeiten von Digitalkameras.	①	②	③	④	⑤	⑥	○
4)	... zählt der Verkäufer alle für mich relevanten Digitalkameras auf.	①	②	③	④	⑤	⑥	○

Produktberatungsqualität im Facheinzelhandel

	stimme voll zu				stimme gar nicht zu		weiß nicht
5) ... nennt der Verkäufer mir auch <u>für mich relevante</u> Digitalkameras, <u>die er selber nicht führt</u>.	①	②	③	④	⑤	⑥	○
6) ... zählt der Verkäufer <u>alle für mich nicht relevanten Digitalkameras</u> auf.	①	②	③	④	⑤	⑥	○
7) ... nennt der Verkäufer bei den für mich <u>nicht relevanten Digitalkameras</u> alle Gründe für den Ausschluss dieser Alternativen.	①	②	③	④	⑤	⑥	○
8) ... zählt der Verkäufer <u>alle Eigenschaften</u> der für mich relevanten Digitalkameras auf.	①	②	③	④	⑤	⑥	○
9) ... zählt der Verkäufer <u>nur die für mich relevanten Eigenschaften</u> der für mich relevanten Digitalkameras auf.	①	②	③	④	⑤	⑥	○
10) ... <u>nennt und erklärt</u> mir der Verkäufer <u>alle K.O.-Kriterien</u>, die eine für mich ideale Digitalkamera erfüllen muss.	①	②	③	④	⑤	⑥	○
11) ... schränkt der Verkäufer die Menge der für mich relevanten Digitalkameras auf <u>eine optimale Anzahl</u> ein.	①	②	③	④	⑤	⑥	○
12) ... erklärt der Verkäufer mir die <u>relative Wichtigkeit aller für mich relevanten Eigenschaften</u> von Digitalkameras.	①	②	③	④	⑤	⑥	○
13) ... erklärt der Verkäufer mir <u>alle Vor- und Nachteile</u> der für mich relevanten Digitalkameras.	①	②	③	④	⑤	⑥	○
14) ... lässt der Verkäufer mir <u>sehr viel Zeit zum Entscheiden</u>.	①	②	③	④	⑤	⑥	○
15) ... macht der Verkäufer mich auf <u>alle meine Denkfehler</u> aufmerksam.	①	②	③	④	⑤	⑥	○
16) ... <u>empfiehlt</u> der Verkäufer mir eine für mich optimale Digitalkamera.	①	②	③	④	⑤	⑥	○
17) ... setzt der Verkäufer <u>Anschauungsmaterial</u> (Vorführgeräte, Firmenprospekte, Testberichte) optimal ein.	①	②	③	④	⑤	⑥	○
18) ... versucht der Verkäufer mich von <u>seiner Meinung</u> zu überzeugen.	①	②	③	④	⑤	⑥	○
19) ... <u>berücksichtigt</u> der Verkäufer <u>meine Kenntnisse</u> optimal.	①	②	③	④	⑤	⑥	○
20) ... <u>nimmt</u> der Verkäufer das von mir Gesagte <u>stets wahr</u>.	①	②	③	④	⑤	⑥	○
21) ... <u>geht</u> der Verkäufer auf das von mir Gesagte <u>stets ein</u>.	①	②	③	④	⑤	⑥	○
22) ... <u>fragt</u> der Verkäufer bei Bedarf <u>stets nach</u>.	①	②	③	④	⑤	⑥	○
23) ... artikuliert sich der Verkäufer <u>sachlich und objektiv</u>.	①	②	③	④	⑤	⑥	○
24) ... artikuliert sich der Verkäufer <u>trotzig und genervt</u>.	①	②	③	④	⑤	⑥	○
25) ... gibt der Verkäufer <u>gut gemeinte Ratschläge</u>.	①	②	③	④	⑤	⑥	○
26) ... verhält sich der Verkäufer <u>höflich</u>.	①	②	③	④	⑤	⑥	○

	stimme voll zu				stimme gar nicht zu		weiß nicht
Alles in Allem sind während einer Produktberatung meine Erwartungen an das Beratungsgespräch optimal erfüllt.	①	②	③	④	⑤	⑥	○

Produktberatungsqualität im Facheinzelhandel

Qualität des Produktberatungsergebnisses

Am Ende einer Produktberatung...

		stimme voll zu					stimme gar nicht zu	weiß nicht

1) ... bin ich mir über <u>gegenwärtige Einsatzmöglichkeiten</u> von Digitalkameras sehr sicher. .... ① ② ③ ④ ⑤ ⑥ ○
2) ... bin ich mir <u>über zukünftige Einsatzmöglichkeiten</u> sehr sicher. .... ① ② ③ ④ ⑤ ⑥ ○
3) ... bin ich mir sehr sicher, wozu <u>ich persönlich</u> eine Digitalkamera <u>einsetzen möchte</u>. .... ① ② ③ ④ ⑤ ⑥ ○
4) ... bin ich mir sehr sicher, alle für mich <u>relevanten Digitalkameras zu kennen</u>. .... ① ② ③ ④ ⑤ ⑥ ○
5) ... bin ich mir sehr sicher, die für mich <u>am Besten geeignete Digitalkamera zu kennen</u>. .... ① ② ③ ④ ⑤ ⑥ ○
6) ... bin ich mir sehr sicher, einen sehr guten <u>Überblick über alternative Digitalkameras</u> zu haben. .... ① ② ③ ④ ⑤ ⑥ ○
7) ... bin ich mir sehr sicher, welche <u>Eigenschaften</u> einer Digitalkamera <u>für mich relevant</u> sind. .... ① ② ③ ④ ⑤ ⑥ ○
8) ... bin ich mir sehr sicher, welche <u>Eigenschaften</u> einer Digitalkamera <u>für mich wie wichtig</u> sind. .... ① ② ③ ④ ⑤ ⑥ ○
9) ... bin ich mir sehr sicher, welche <u>K.O.-Kriterien</u> eine für mich ideale Digitalkamera auf jeden Fall erfüllen muss. .... ① ② ③ ④ ⑤ ⑥ ○
10) ... bin ich mir bzgl. der <u>Vor- und Nachteile</u> der für mich relevanten Digitalkameras sehr sicher. .... ① ② ③ ④ ⑤ ⑥ ○
11) ... bin ich mir sehr sicher, dass die für mich relevanten Digitalkameras die ihnen <u>zugeschriebenen Eigenschaften auch wirklich aufweisen</u>. .... ① ② ③ ④ ⑤ ⑥ ○
12) ... <u>schwanke</u> ich zwischen mehreren Alternativen. .... ① ② ③ ④ ⑤ ⑥ ○
13) ... bin ich mir sicher, dem Verkäufer <u>vertrauen</u> zu können. ..... ① ② ③ ④ ⑤ ⑥ ○
14) ... bin ich mir sehr sicher, welche Digitalkamera für mich <u>am Besten geeignet</u> ist. .... ① ② ③ ④ ⑤ ⑥ ○
15) ... bin ich <u>in der Lage</u> eine Kaufentscheidung zu treffen. .... ① ② ③ ④ ⑤ ⑥ ○

	stimme voll zu					stimme gar nicht zu	weiß nicht

Alles in Allem sind am Ende einer Produktberatung meine Erwartungen an das Beratungsergebnis optimal erfüllt. .... ① ② ③ ④ ⑤ ⑥ ○

RWTH Lehrstuhl für Unternehmenspolitik und Marketing

Fragebogen 151

Produktberatungsqualität im Facheinzelhandel

Gesamturteil zur Produktberatungsqualität

Bitte denken Sie bei der Beantwortung der folgenden Frage an alle auf den vorangegangenen Seiten aufgeführten Aspekte:
- Rahmenbedingungen der Produktberatung
- Beratungsgespräch
- Ergebnis der Produktberatung

	stimme voll zu					stimme gar nicht zu	weiß nicht
Alles in Allem sind meine Erwartungen an die Produktberatung optimal erfüllt.	①	②	③	④	⑤	⑥	○

3. Ergänzende Angaben

Wie verhalten Sie sich, wenn Sie mit einer Produktberatung sehr zufrieden sind?

		stimme voll zu					stimme gar nicht zu	weiß nicht
1)	Ich kaufe das nach der Beratung als ideal anzusehende Produkt sofort, sofern es verfügbar ist.	①	②	③	④	⑤	⑥	○
2)	Ich kaufe das nach der Beratung als ideal anzusehende Produkt nicht sofort, sondern überprüfe, ob ich das gleiche Produkt auch zu einem günstigeren Preis erwerben kann.	①	②	③	④	⑤	⑥	○
3)	Ich werde mich beim nächsten Mal wieder in diesem Geschäft beraten lassen.	①	②	③	④	⑤	⑥	○

4)	Besitzen Sie bereits eine Digitalkamera?	○ ja	○ nein
	Wenn nein, haben Sie vor, sich in den nächsten 3 Monaten eine zu kaufen?	○ ja	○ nein
5)	Haben Sie in den letzten 3 Monaten eine Produktberatung in Anspruch genommen?	○ ja	○ nein

Geschlecht: weiblich ○   männlich ○

Alter: _____

Ausbildungsstand: keine berufliche Ausbildung ○   Ausbildung ○   Studium ○

Kommentare und Ergänzungen

_____

_____

_____

_____

Vielen Dank für Ihre Unterstützung!

Literaturverzeichnis

AHLUWALIA, Rohini: *Examination of Psychological Processes Underlying Resistance to Persuasion.* In: *Journal of Consumer Research*, 27. Jg. (2000), H. 2, S. 217-232.

ANDERSON, John R.: *Kognitive Psychologie. (3. Aufl.)* Heidelberg, Berlin (Spektrum) 2001.

ARBINGER, Roland: *Psychologie des Problemlösens. Eine anwendungsorientierte Einführung.* Darmstadt (Primus) 1997.

BACKHAUS, Klaus; ERICHSON, Bernd; PLINKE, Wulff : *Multivariate Analysemethoden: eine anwendungsorientierte Einführung.* Berlin, Heidelberg, New York u. a. (Springer) 2000.

BAN, Anne W. van den; WEHLAND, Wilhelm H.: *Einführung in die Beratung: für Agraringenieure, Entwicklungshelfer und Ökotrophologen sowie für alle in der Erwachsenenbildung und Öffentlichkeitsarbeit Tätigen.* Hamburg, Berlin (Paul Parey) 1984.

BÄNSCH, Axel: *Verkaufspsychologie und Verkaufstechnik. (7. Aufl.)* München, Wien (Oldenbourg) 1998a.

BÄNSCH, Axel: *Käuferverhalten. (8. Aufl.)* München, Wien (Oldenbourg) 1998b.

BARON, Rose; KENNY, David: *The Moderator-Mediator Variable Distinction in Social Psychological Research: Conceptual, Strategic, and Statistical Considerations.* In: *Journal of Personality and Social Psychology*, 51. Jg. (1986), H. 6, S. 1173-1182.

BAUER, Raymond A.: *Consumer Behavior as Risk Taking.* Aus: Cox, Donald F. (Hrsg.): *Risk Taking and Information Handling in Consumer Behavior.* Boston (Harvard University Press) 1967. S. 23-33.

BECKER, Walter: *Beeinflussungstechniken in Werbung und Verkauf. Zur Psychologie persuasiver Kommunikation.* München (Profil) 1999.

BEIER, Udo: *Zum Ablauf der Produktberatung in Verbraucherberatungsstellen. Eine Soll/Ist-Analyse formaler Aspekte der Produktberatung, dargestellt am Beispiel des Beratungsobjektes "Gefriergeräte".* Universität Hamburg, Arbeitsbericht, Nr.: 0611/11-77. Als Manuskript gedruckt.

BEIER, Udo: *Kundenberatung im Geschäft - Ansätze für eine verbraucherrelevante Testgestaltung am Beispiel HiFi.* o.O. 1980.

BERNDT, Hermann: *Konsumentscheidung und Informationsüberlastung - Der Einfluß von Quantität und Qualität der Werbeinformation auf das Konsumentenverhalten. Eine empirische Untersuchung.* München (GBI) 1983.

BERNE, Eric: *Transactional analysis in psychotherapy.* New York (Ballantine Books) 1961.

BERRY, Leonard L.: *Big Ideas in Services Marketing.* Aus: Venkatesan, M.; Schmalensee, Diane M.; Marshall, Claudia (Hrsg.): *Creativity in Services Marketing. Proceedings Series.* Chicago (American Marketing Association) 1986. S. 6-8.

BETTMAN, James R.: *An information processing theory of consumer choice.* Reading, Menlo Park, London u.a. (Addison-Wesley) 1979.

BEZOLD, Thomas: *Zur Messung der Dienstleistungsqualität: Eine theoretische und empirische Studie zur Methodenentwicklung unter besonderer Berücksichtigung des ereignisorientierten Ansatzes.* Frankfurt a.M., Berlin, Bern u. a. (Peter Lang) 1996.

BLACKWELL, Roger D.; MINIARD, Paul W.; ENGEL, James F.: *Consumer Behavior. (9th. ed.)* Fort Worth, Philadelphia, San Diego u.a. (Harcourt College Publishers) 2001.

BLAKE, Robert R.; MOUTON, Jane S.: *Consultation.* London (Addison-Wesley) 1976.

BLEICKER, Ulrike: *Produktbeurteilung der Konsumenten.* Würzburg, Wien (Physica) 1983.

BLESS, Herbert; SCHWARZ, Norbert: *Konzeptgesteuerte Informationsverarbeitung.* Aus: Frey, Dieter; Irle, Martin (Hrsg.): *Theorien der Sozialpsychologie. Bd. 3: Motivations-, Selbst- und Informationsverarbeitungstheorien. (2. Aufl.).* Bern (Hans Huber) 2002. S. 257-278.

BÖCKER, Franz: *Präferenzforschung als Mittel marktorientierter Unternehmensführung.* In: Zeitschrift für betriebswirtschaftliche Forschung (zfbf), 38. Jg. (1986), H. 7/8, S. 543-574.

BODE, Jürgen: *Der Informationsbegriff in der betriebswirtschaftlichen Forschung.* In: Zeitschrift für betriebswirtschaftliche Forschung (zfbf), 49. Jg. (1997), H. 5, S. 449-468.

BOLLEN, Kenneth A.: *Structural Equations with Latent Variables.* New York, Chichester, Brisbane u.a. (John Wiley & Sons) 1989.

BORTZ, Jürgen: *Statistik für Sozialwissenschaftler. (5. Aufl.)* Berlin, Heidelberg, New York (Springer) 1999.

BOTSCHEN, Günther; BOTSCHEN, Martina; THELEN, Eva : *Identifikation von Kundenerwartungen an die Dienstleistungsqualität - Evaluierung attributorientierter Methoden.* Aus: Meyer, Anton (Hrsg.): *Grundsatzfragen und Herausforderungen des Dienstleistungsmarketing.* Wiesbaden (DUV) 1996. S. 157-178.

BRUHN, Manfred (Hrsg.): *Dienstleistungsqualität: Konzepte, Methoden, Erfahrungen.* Wiesbaden (Gabler) 1991.

BRUHN, Manfred: *Kundenorientierung im Handel durch professionelles Qualitätsmanagement - das Fallbeispiel Migros.* Aus: Trommsdorff, Volker (Hrsg.): *Handelsforschung 1997. Kundenorientierung im Handel.* Wiesbaden (Gabler) 1997. S. 47-70.

BRUHN, Manfred: *Kommunikationspolitik.* München (Vahlen) 1997b.

BRUHN, Manfred: *Qualitätssicherung im Dienstleistungsmarketing - Eine Einführung in die theoretischen und praktischen Probleme.* Aus: Bruhn, Manfred; Stauss, Bernd (Hrsg.): *Dienstleistungsqualität. Konzepte - Methoden - Erfahrungen. (3. Aufl.)* Wiesbaden (Gabler) 2000. S. 21-48.

BRUHN, Manfred; GEORGI, Dominik: *Kundenerwartungen als Steuergröße. Konzepte, empirische Ergebnisse und Ansätze eines Erwartungsmanagements.* In: Marketing ZFP, 22. Jg. (2000), H. 3, S. 185-196.

BRUHN, Manfred; HOMBURG, Christian (Hrsg.): *Handbuch Kundenbindungsmanagement. Strategien und Instrumente für ein erfolgreiches CRM. (4. Aufl.)* Wiesbaden (Gabler) 2003.

BRUHN, Manfred; STAUSS, Bernd (Hrsg.): *Dienstleistungsmanagement Jahrbuch 2001. Interaktionen im Dienstleisungsbereich.* Wiesbaden (Gabler) 2001.

BRUHN, Manfred; STAUSS, Bernd (Hrsg.): *Dienstleistungsqualität. Konzepte - Methoden - Erfahrungen. (3. Aufl.)* Wiesbaden (Gabler) 2000.

BRUNNER, Ewald J.; SCHÖNIG, Wolfgang (Hrsg.): *Theorie und Praxis von Beratung. Pädagogische und psychologische Konzepte.* Freiburg im Breisgau (Lambertus) 1990.

BRUNNER, Ewald J.; SCHÖNIG, Wolfgang: *Umrisse einer Beratungstheorie.* Aus: Brunner, Ewald J.; Schön g, Wolfgang (Hrsg.): *Theorie und Praxis von Beratung. Pädagogische und psychologische Konzepte.* Freiburg im Breisgau (Lambertus) 1990. S. 152-158.

BURKS, Herbert M.; STEFFLRE, Buford (Hrsg.): *Theories of counseling. (2. ed.)* New York (McGraw-Hill) 1979.

BUSCH, P.; WILSON, D. T.: *An experimental analysis of a salesman's expert and referent bases of social power in the buyer-seller dyad.* In: *Journal of Marketing Research*, 13. Jg. (1976), S. 3-11.

CASTLEBERRY, Stephen B.; SHEPHERD, C. David: *Effective Interpersonal Listening and Personal Selling.* In: *Journal of Personal Selling and Sales Management*, 13. Jg. (1993), H. 1, S. 35-49.

CHUR, Dietmar: *Beratung und Kontext. Überlegungen zu einem handlungsanleitenden Modell.* Aus: Nestmann, Frank (Hrsg.): *Beratung. Bausteine für eine interdisziplinäre Wissenschaft und Praxis.* Tübingen (Dgvt.) 1997. S. 39-69.

COMER, L. B.; DROLLINGER, T.: *Active empathic listening and selling success: A conceptual framework.* In: *Journal of Personal Selling and Sales Management*, 19. Jg. (1999), H. 1, S. 15-29.

CORSTEN, Hans: *Dienstleistungsmanagement. 4. Aufl.* München, Wien (Oldenbourg) 2001.

COX, Donald F. (Hrsg.): *Risk Taking and Information Handling in Consumer Behavior.* Boston (Harvard University Press) 1967.

COX, Donald F.: *Risk Taking and Information Handling in Consumer Behavior.* Aus: Cox, Donald F. (Hrsg.): *Risk Taking and Information Handling in Consumer Behavior.* Boston (Harvard University Press) 1967. S. 604-639.

CUNNINGHAM, Scott M.: *The Major Dimensions of Perceived Risk.* Aus: Cox, Donald F. (Hrsg.): *Risk Taking and Information Handling in Consumer Behavior.* Boston (Harvard University Press) 1967. S. 82-108.

DARBY, M. R.; KARNI, E.: *Free Competition and the Optimal Amount of Fraud.* In: *Journal of Law and Economics,* 16. Jg. (1973), S. 67-88.

DECORMIER, Ray A.; JOBBER, D.: *The Counselor Selling Method: Concepts and Constructs.* In: *Journal of Personal Selling and Sales Management,* 13. Jg. (1993), H. 4, S. 39-59.

DEDLER, Konrad; GOTTSCHALK, Ingrid; GRUNERT, Klaus G. : *Das Informationsdefizit der Verbraucher.* Frankfurt a.M., New York (Campus) 1984.

DIAMANTOPOULOS, Adamantios; SIGUAW, Judy A.: *Introducing LISREL. A Guide for the Uninitiated.* London, Thousand Oaks, New Delhi (Sage) 2000.

DICHTL, Erwin; MÜLLER, Stefan: *Anspruchsinflation und Nivellierungstendenz als meßtechnisches Problem in der Absatzforschung.* In: *Marketing ZFP,* 8. Jg. (1986), H. 4, S. 233-236.

DIETRICH, Georg: *Allgemeine Beratungspsychologie. Eine Einführung in die psychologische Theorie und Praxis der Beratung.* Göttingen (Verlag für Psychologie) 1983.

DILLER, Hermann (Hrsg.): *Der moderne Verbraucher.* Nürnberg (GIM) 2001.

DILLER, Hermann; KUSTERER, Marion: *Beziehungsmanagement.* In: *Marketing ZFP,* 10. Jg. (1988), H. 3, S. 211-220.

DINKELBACH, Werner: *Entscheidungstheorie.* Aus: Wittmann, Waldemar (Hrsg.): *Handwörterbuch der Betriebswirtschaft. (5. Aufl.)* Stuttgart (Poeschel) 1993. S. 929-944.

DONABEDIAN, Avedis: *The Definition of Quality and Approaches to its Assessment. Explorations in Quality, Assessment and Monitoring. Vol. I.* Ann Arbor (health administration press) 1980.

DONEY, Patricia M.; CANNON, Joseph P.: *An examination of the nature of trust in buyer-seller relationships.* In: *Journal of Marketing,* 61. Jg. (1997), S. 35-51.

DÖRNER, Dietrich: *Problemlösen als Informationsverarbeitung.* Stuttgart (Kohlhammer) 1976.

EAGLY, Alice H., CHAIKEN, Shelly: *The psychology of attitudes.* Fort Worth u.a. (Harcourt Brace Jovanovich) 1993.

EBERS, Mark; GOTSCH, Wilfried: *Institutionenökonomische Theorien der Organisation.* Aus: Kieser, Alfred (Hrsg.): *Organisationstheorien. (3. Aufl.)* Stuttgart, Berlin, Köln (Kohlhammer) 1999. S. 199-251.

EISEND, Martin: *Glaubwürdigkeit in der Marketingkommunikation: Konzeption, Einflussfaktoren und Wirkungspotential.* Wiesbaden (DUV) 2003.

ENDERS, Andreas: *Informationsintegration bei der Produktbeurteilung: Eine empirische Studie unter besonderer Berücksichtigung der Produktvertrautheit und des Produktinvolvements.* Heidelberg (Physica) 1997.

ENGELS, Achim; TIMAEUS, Ernst: *"Face to Face"-Interaktionen.* Aus: Irle, Martin; Bussmann, Wolf (Hrsg.) *Enzyklopädie der Psychologie. Bd. D III 4: Marktpsychologie als Sozialwissenschaft.* Göttingen, Toronto, Zürich (Hogrefe) 1983. S. 344-401.

EVANS, Franklin B.: *Selling as a Dyadic Relationship. A new Approach.* In: *American Behavioral Scientist,* 6. Jg. (1963), H. 9, S. 76-79.

FASSNACHT, M.: *Dienstleistungen im Einzelhandel: Angebot und Management.* In: *Die Unternehmung,* 54. Jg. (2000), H. 2, S. 87-105.

FELSER, Georg: *Werbe- und Konsumpsychologie. Eine Einführung.* Heidelberg, Berlin, Oxford (Spektrum) 1997.

FESTINGER, Leon: *A Theory of Cognitive Dissonance.* Stanford (Stanford University Press) 1957.

FINN, David W.; LAMB, Charles W.: *An Evaluation of the SERVQUAL Scales in a Retail Setting.* In: *Advances in consumer research,* 18. Jg. (1991), S. 483-490.

FISCHER, Jürgen: *Individualisierte Präferenzanalyse. Entwicklung und empirische Prüfung einer vollkommen individualisierten Conjoint Analyse.* Wiesbaden (Gabler) 2001.

FLIEß, Sabine: *Persönlicher Verkauf.* Aus: Kleinaltenkamp, Michael; Plinke, Wulf (Hrsg.): *Markt- und Produktmanagement. Die Instrumente des technischen Vertriebs.* Berlin, Heidelberg, New York u.a. (Springer) 1999. S. 491-562.

FREY, Dieter: *Informationssuche und Informationsbewertung bei Entscheidungen.* Bern, Stuttgart, Wien (Huber) 1981.

FREY, Dieter; IRLE, Martin (Hrsg.): *Theorien der Sozialpsychologie. Bd. 3: Motivations-, Selbst- und Informationsverarbeitungstheorien. (2. Auflage).* Bern (Hans Huber) 2002.

FREY, Dieter; KUMPF, Martin; RAFFÉE, Hans : *Informationskosten und Reversibilität des Entschlusses als Determinante der Informationsnachfrage vor Entscheidungen.* In: *Zeitschrift für experimentelle und angewandte Psychologie,* 23. Jg. (1976), S. 569-585.

FRITZ, Wolfgang: *Die Idee des theoretischen Pluralismus und ihre Verwirklichung im Rahmen empirischer betriebswirtschaftlicher Forschung. Bericht der Forschungsgruppe Konsumenteninformation.* Mannheim 1984.

GARVIN, David A.: *Managing Quality.* New York (Free Press) 1988.

GEMÜNDEN, Hans G.: *Wahrgenommenes Risiko und Informationsnachfrage - eine systematische Bestandsaufnahme der empirischen Befunde.* In: *Marketing ZFP,* 7. Jg. (1985), H. 1, S. 27-38.

GEORGE, Rickey L.; CHRISTIANI, Therese S.: *Theory, methods and processes of counseling and psychotherapy.* Englewood Cliffs (Prentice-Hall) 1981.

GEORGI, Dominik: *Einfluss der normativen Erwartungen auf die Transaktionsqualität. Bedeutung der Beziehungsqualität.* Aus: Bruhn, Manfred; Stauss, Bernd (Hrsg.): Dienstleistungsmanagement Jahrbuch 2001. Interaktionen im Dienstleistungsbereich. Wiesbaden (Gabler) 2001. S. 91-113.

GERHARD, Andrea: *Die Unsicherheit der Konsumenten bei der Kaufentscheidung: Verhaltensweisen von Konsumenten und Anbietern.* Wiesbaden (DUV) 1995.

GOEHRMANN, Klaus E.: *Verkaufsmanagement.* Stuttgart (Kohlhammer) 1984.

GRIKSCHEIT, Garry M.; CASH, Harold C.; YOUNG, Clifford E.: *Handbook of Selling: Psychological, Managerial and Marketing Dynamics.* New York (John Wiley & Sons) 1993.

GRÖNROOS, Christian: *Service Management and Marketing. Managing the Moments of Truth in Service Competition.* Lexington (Lexington Books) 1990.

GRUND, Michael A.: *Interaktionsbeziehungen im Dienstleistungsmarketing. Zusammenhänge zwischen Zufriedenheit und Bindung von Kunden und Mitarbeitern.* Wiesbaden (Gabler) 1998.

GRUNERT, Klaus G.: *Informationsverarbeitungsprozesse bei der Kaufentscheidung. Ein gedächtnispsychologischer Ansatz.* Frankfurt a.M. (Peter Lang) 1982.

GRUNERT, Klaus G.; GRUNERT, Suzanne C.: *Measuring Subjective Meaning Structures by the Laddering Method. Theoretical Considerations and Methodological Problem.* In: International Journal of Research in Marketing, 12. Jg. (1995), S. 209-225.

GÜTHOFF, Judith: *Qualität komplexer Dienstleistungen. Konzeption und empirische Analyse der Wahrnehmungsdimensionen.* Wiesbaden (DUV) 1995.

GUTSCHE, Jens: *Produktpräferenzanalyse: ein modelltheoretisches und methodisches Konzept zur Marktsimulation mittels Präferenzerfassungsmodellen.* Berlin (Duncker und Humblot) 1995.

HAAS, Alexander: *Wie entsteht Beratungszufriedenheit? Ergebnisse einer Mystery Shopping-Studie im Gebrauchsgüterhandel.* Aus: Diller, Hermann (Hrsg.): *Der moderne Verbraucher.* Nürnberg (GIM) 2001. S. 87-106.

HAAS, Alexander: *Erfolgsstrategien im Verkauf. Eine verkäuferbasierte Analyse im Finanzdienstleistungsbereich.* Nürnberg, Arbeitspapier Nr. 100, 2002 Als Manuskript gedruckt.

HAAS, Alexander: *Erfolgreich verkaufen - aber wie?* In: *Thexis*, Jg. 2003, H. 2, S. 22-23.

HACKNEY, Harold; CORMIER, Louise S.: *The professional counselor: A process guide to helping.* Boston (Allyn and Bacon) 2001.

HALLER, Sabine: *Methoden zur Beurteilung von Dienstleistungsqualität.* In: *Zeitschrift für betriebswirtschaftliche Forschung (zfbf)*, 45. Jg. (1993), H. 1, S. 19-40.

HANSEN, Flemming: *Consumer Choice Behavior. A Cognitive Theory.* New York (Free Press) 1972.

HANSEN, Ursula: *Absatz- und Beschaffungsmarketing des Einzelhandels. (2. Aufl.)* Göttingen (Vandenhoeck & Ruprecht) 1990.

HANSEN, Ursula; SCHULZE, Henning S.: *Transaktionsanalyse und persönlicher Verkauf.* In: *Jahrbuch der Absatz- und Verbrauchsforschung*, 36. Jg. (1990), S. 4-26.

HENTSCHEL, Bert: *Dienstleistungsqualität aus Kundensicht. Vom merkmals- zum ereignisorientierten Ansatz.* Wiesbaden (DUV) 1992.

HENTSCHEL, Bert: *Multiattributive Messung von Dienstleistungsqualität.* Aus: Bruhn, Manfred; Stauss, Bernd (Hrsg.): *Dienstleistungsqualität. Konzepte - Methoden - Erfahrungen. (3. Aufl.)* Wiesbaden (Gabler) 2000. [Seitenangaben fehlen!]

HERRMANN, Andreas; HOMBURG, Christian (Hrsg.): *Marktforschun g: Methoden, Anwendungen, Praxisbeispiele.* Wiesbaden (Gabler) 1999.

HERRMANN, Andreas; HOMBURG, Christian (Hrsg.): *Marktforschung. (2. Auflage).* Wiesbaden (Gabler Verlag) 2000.

HILDEBRANDT, Lutz: *Hypothesenbildung und empirische Überprüfung.* Aus: Herrmann, Andreas; Homburg, Christian (Hrsg.): *Marktforschung: Methoden, Anwendungen, Praxisbeispiele.* Wiesbader (Gabler) 1999. S. 33-57.

HILL, Wilhelm: *Marketing II.* Bern, Stuttgart (Haupt) 1971.

HILL, Wilhelm; RIESER, Ignaz: *Marketing-Management. (2. Aufl.).* Bern (Haupt) 1990.

HIRSHLEIFER, Jack; RILEY, John G.: *The Analytics of Uncertainty and Information. An Expository Survey.* In: *Journal of Economic Literature,* 17. Jg. (1979), H. 12, S. 1377-1381.

HOFFMANN, Volker: *Beratungsbegriff und Beratungsphilosophie im Feld des Verbraucherhandelns - Eine subjektive Standortbestimmung und Abgrenzung.* Aus: Lübke, Volker; Schoenheit, Ingo (Hrsg.): *Die Qualität von Beratungen für Verbraucher.* Frankfurt a.M., New York (Campus) 1985. S. 26-47.

HOFMANN, Michael; ROSENSTIEL, Lutz v.; ZAPOTOCZKY, Klaus (Hrsg.): *Die soziokulturellen Rahmenbedingungen für Unternehmensberater.* Stuttgart (Kohlhammer) 1991.

HOFSTEDE, Frenkel ter; AUDENAERT, Anke; STEENKAMP, Jan-Benedict E. M.: *An investigation into the association pattern technique as a quantitative approach to measuring means end chains.* In: *International Journal of Research in Marketing,* 15. Jg. (1998), S. 37-50.

HOMBURG, Christian: *Kundennähe von Industriegüterunternehmen: Konzeption - Erfolgsauswirkungen - Determinanten.* Wiesbaden (Gabler) 1995.

HOMBURG, Christian: *Kundenbindung im Handel: Ziele und Instrumente* Aus: Beisheim, Otto (Hrsg.): *Distribution im Aufbruch. B estandsaufnahme und Perspektiven.* München (Vahlen) 1999. S. 873-890.

HOMBURG, Christian; BAUMGARTNER, Hans: *Beurteilung von Kausalmodellen. Bestandsaufnahme und Anwendungsempfehlungen.* In: *Marketing ZFP,* 17. Jg. (1995), H. 3, S. 162-176.

HOMBURG, Christian; FASSNACHT, Martin; WERNER, Harald: *Operationalisierung von Kundenzufriedenheit und Kundenbindung.* Aus: Bruhn, Manfred; Homburg, Christian (Hrsg.): *Handbuch Kundenbindungsmanagement. Strategien und Instrumente für ein erfolgreiches CRM. (4. Aufl.)* Wiesbaden (Gabler) 2003. S. 553-575.

HOMBURG, Christian; GIERING, Annette: *Konzeptualisierung und Operationalisierung komplexer Produkte. Ein Leitfaden für die Marketingforschung.* In: Marketing ZFP, 18. Jg. (1996), H. 1, S. 5-24.

HOMBURG, Christian; KROHMER, Harley: *Marketingmanagement. Strategie - Instrumente - Umsetzung - Unternehmensführung.* Wiesbaden (Gabler) 2003.

HOMBURG, Christian; PFLESSER, Christian: *Konfirmatorische Faktorenanalyse.* Aus: Herrmann, Andreas; Homburg, Christian (Hrsg.): *Marktforschung: Methoden, Anwendungen, Praxisbeispiele.* Wiesbaden (Gabler) 1999. S. 633-659.

HOMBURG, Christian; SCHÄFER, Heiko; SCHNEIDER, Janna: *Sales Excellence. Vertriebspolitik mit System (2. Aufl.).* Wiesbaden (Gabler) 2002.

HOMBURG, Christian; WERNER, Harald: *Kundenzufriedenheit und Kundenbindung.* Aus: Herrmann, Andreas; Homburg, Christian (Hrsg.): *Marktforschung. (2. Auflage).* Wiesbaden (Gabler) 2000. S. 913-931.

HÖSER, Hans: *Kontextabhängige Präferenzen.* Frankfurt am Main (Europäischer Verlag der Wissenschaften) 1998.

HOWARD, John A.; SHETH, Jagdish N.: *The Theory of Buyer Behavior.* New York, London, Sydney u.a. (John Wiley & Sons) 1969.

HRUSCHKA, Erna: *Versuch einer theoretischen Grundlegung des Beratungsprozesses.* Meisenheim am Glan (A. Hain) 1969.

HUBER, Oswald: *Entscheiden als Problemlösen.* Bern (Huber) 1982.

HUNT, H. Keith (Hrsg.): *Conceptualizations and Measurement of Consumer Satisfaction and Dissatisfaction.* MSI Report No. 77-103. Cambridge 1977.

HUSSY, Walter: *Den ken und Problemlösen. (2. Aufl.)* Stuttgart, Berlin, Köln (Kohlhammer) 1998.

IRLE, Martin; BUSSMANN, Wolf (Hrsg.): *Enzyklopädie der Psychologie. Bd. D III 4: Marktpsychologie als Sozialwissenschaft.* Göttingen, Toronto, Zürich (Hogrefe) 1983.

JONES, Edward E.; GERARD, Harold B.: *Foundations of social psychology.* New York (Wiley) 1967.

JUNGERMANN, Helmut; PFISTER, Hans-Rüdiger; FISCHER, Katrin: *Die Psychologie der Entscheidung. Eine Einführung.* Heidelberg (Spektrum) 1998.

KAAS, Klaus P.: *Marketing als Bewältigung von Informations- und Unsicherheitsproblemen im Markt.* In: *Die Betriebswirtschaft,* 50. Jg. (1990), H. 4, S. 539-548.

KAAS, Klaus Peter: *Kontraktgütermarketing als Kooperation zwischen Principalen und Agenten.* In: *Zeitschrift für betriebswirtschaftliche Forschung (zfbf),* 44. Jg. (1992), S. 884-902.

KAAS, Klaus Peter; RUNOW, Herbert: *Wie befriedigend sind die Ergebnisse der Forschung zur Verbraucherzufriedenheit?* In: *Die Betriebswirtschaft,* 44. Jg. (1984), H. 3, S. 451-430.

KALL, Dirk; STEFFENHAGEN, Hartwig: *Berücksichtigung von Urteilsunsicherheiten des Konsumenten bei der Bildung von Markenurteilen.* RWTH Aachen, Institut f. Wirtschaftswissenschaften, Arbeitspapier Nr. 92/06, 1992 Als Manuskript gedruckt.

KATZ, Reinhard: *Informationsquellen der Konsumenten.* Wiesbaden (Gabler) 1983.

KATONA, George: *Die Macht des Verbrauchers.* Düsseldorf, Wien (ECON) 1962.

KELLY, H. H.: *Kausalattribution. Die Prozesse der Zuschreibung von Ursachen.* Aus: Stroebe, Wolfgang (Hrsg.): *Sozialpsychologie. Bd. I.* Darmstadt (Wissenschaftliche Buchgesellschaft) 1978. S. 212-265.

KERN, Egbert.: *Der Ineraktionsansatz im Investitionsgütermarketing: eine konfirmatorische Analyse.* Berlin (Duncker & Humblot) 1990.

KIESER, Alfred (Hrsg.): *Organisationstheorien. (3. Aufl.)* Stuttgart, Berlin, Köln (Kohlhammer) 1999.

KIRSCH, Werner: *Einführung in die Theorie der Entscheidungsprozesse. Bd. 1: Verhaltenswissensschaftliche Ansätze der Entscheidungstheorie. (2. Aufl.)* Wiesbaden (Gabler) 1977a.

KIRSCH, Werner: *Einführung in die Theorie der Entscheidungsprozesse. Bd. III: Entscheidungen in Organisationen.* Wiesbaden (Gabler) 1977c.

KLAUS, Peter: *Die Qualität von Bedienungsinteraktionen.* Aus: Bruhn, Manfred u.a. (Hrsg.): *Dienstleistungsqualität: Konzepte, Methoden, Erfahrungen.* Wiesbaden (Gabler) 1991. S. 247-265.

KLAUS, Peter G.: *Auf dem Weg zu einer Betriebswirtschaftslehre der Dienstleistungen: Der Interaktions-Ansatz.* In: *Die Betriebswirtschaft,* 44. Jg. (1984), S. 467-475.

KLEINALTENKAMP, Michael; PLINKE, Wulf (Hrsg.): *Markt- und Produktmanagement. Die Instrumente des technischen Vertriebs.* Berlin, Heidelberg, New York u.a. (Springer) 1999.

KORTZFLEISCH, von Gert: *Wisssenschaftstheoretische und wissenschaftspolitische Gedanken zum Thema: Betriebswirtschaftslehre als Wissenschaft.* Aus: Kortzfleisch, von Gert (Hrsg.): *Wissenschaftsprogramm und Ausbildungsziele der Betriebswirtschaftslehre. Bericht von der wissenschaftlichen Tagung in St. Gallen vom 2. - 5. Juni 1971.* Berlin (Duncker & Humblot) 1971. S. 1-60.

KRAMER, Jürgen: *Philosophie des Verkaufens.* Wiesbaden (DUV) 1993.

KRÖBER, Heinz-Werner: *Der Beratungsbegriff in der Fachliteratur.* Aus: Hofmann, Michael; Rosenstiel, Lutz v.; Zapotoczky, Klaus (Hrsg.): *Die sozio-kulturellen Rahmenbedingungen für Unternehmensberater.* Stuttgart (Kohlhammer) 1991. S. 1-36.

KROEBER-RIEL, Werner; WEINBERG, Peter: *Konsumentenverhalten. 8. Aufl.* München (Vahlen) 2003.

KUHLMANN, Eberhard: *Das Informationsverhalten der Verbraucher.* Freiburg (Rombach & Co) 1970.

KUHLMANN, Eberhard: *Effizienz und Risiko der Konsumentenentscheidung.* Stuttgart (Poeschel) 1978.

KUHLMANN, Eberhard: *Verbraucherpolitik. Grundzüge ihrer Theorie und Praxis.* München (Vahlen) 1990.

KUPSCH, Peter; HUFSCHMIED, Peter: *Wahrgenommenes Risiko und Komplexität der Beurteilungssituation als Determinante der Qualitätsbeurteilung.* Aus: Meffert, Heribert; Steffenhagen, Hartwig; Freter, Hermann (Hrsg.): *Konsumentenverhalten und Information.* Wiesbaden (Gabler) 1979. S. 225-257.

KURTZ, David L.; DODGE, H. Robert; KLOMPMAKER, Jay E.: *Professional Selling.* Dallas (Business Publications) 1976.

KUß, Alfred: *Information und Kaufentscheidung: Methoden und Ergebnisse empirischer Konsumentenforschung.* Berlin, New York (de Gruyter) 1987.

KUß, Alfred; SILBERER, Günter: *Informationsverhalten.* Aus: Diller, Hermann (Hrsg.): *Der moderne Verbraucher.* Nürnberg (GIM) 2001. S. 651-655.

LAW, Kenneth S.; WONG, Chi-Sum; MOBLEY, William H.: *Toward a Taxonomy of Multidimensional Constructs.* In: *Academy of Management Review,* 23. Jg. (1998), H. 4, S. 741-755.

LINDSAY, P.H.; NORMAN, D.A.: *Einführung in die Psychologie. Informationsaufnahme und -verarbeitung beim Menschen.* Berlin, Heidelberg, New York (Springer) 1981.

LOEHLIN, John C.: *Latent Variable Models. An Introduction to Factor, Path, and Structural Analysis.* (3rd ed.) Mahwah, London (Lawrence Erlbaum Associates) 1998.

LOVELOCK, Christopher H. (Hrsg.): *Service-Marketing.* Englewood Cliffs, N.J. (Prentice-Hall) 1984.

LÜBKE, Volker; SCHOENHEIT, Ingo (Hrsg.): *Die Qualität von Beratungen für Verbraucher.* Frankfurt a.M., New York (Campus) 1985.

MACINTOSH, Gerrard; LOCKSHIN, Lawrence: *Retail Relationships and Store Loyalty: A Multi-Level Perspective.* In: *International Journal of Research in Marketing,* 14. Jg. (1997), S. 487-497.

MARCH, James G.; SIMON, Herbert A.: *Organizations. (2nd ed.)* Cambridge, MA (Blackwell) 1993.

MARKS, Ronald B.: *Personal Selling. An Interactive Approach. (6. Aufl.).* Upper Saddle River, London, Sydney u.a. (Prentice-Hall) 1997.

MCGUIRE, William J.: *Some Internal Psychological Factors Influencing Consumer Choice.* In: *Journal of Consumer Research,* 2. Jg. (1976), S. 302-319.

MCINTYRE, Shelby H.: *An experimental study of the impact of judgement-based marketing models.* In: *Management Science,* 28. Jg. (1982), H. 1, S. 17-33.

MEFFERT, Heribert: *Marketing. Grundlagen der Absatzpolitik (7. Aufl.).* Wiesbaden (Gabler) 1986.

MEFFERT, Heribert: *Marketingwissenschaft im Wandel - Anmerkungen zur Paradigmendiskussion.* Handelshochschule Leipzig, HHL-Arbeitspapier Nr. 30, 1999 Als Manuskript gedruckt.

MEFFERT, Heribert; STEFFENHAGEN, Hartwig; FRETER, Hermann (Hrsg.): *Konsumentenverhalten und Information.* Wiesbaden (Gabler) 1979.

METT, Udo: *Die Geister, die man rief ...* In: *handelsjournal,* 2003, H. 11, S. 20-24.

MEYER, Anton (Hrsg.): *Grundsatzfragen und Herausforderungen des Dienstleistungsmarketing.* Wiesbaden (Gabler, DUV) 1996.

MILLER, J.: *Studying Satisfaction, Modifying Models, Eliciting Expectations, Posing Problems, and Making Meaningful Measurements.* Aus: Hunt, H. Keith (Hrsg.): *Conceptualizations and Measurement of Consumer Satisfaction and Dissatisfaction.* MSI Report No. 77-103. Cambridge 1977. S. 72-91.

MOHE, Michael ; H EINECKE, Hans J.; PFRIEM, Reinhard (Hrsg.): *Consulting - Problemlösung als Geschäftsmodell. Theorie, Praxis, Markt.* Stuttgart (Klett-Cotta) 2002.

MÜLLER, Günter F.: *Anbieter-Nachfrager-Interaktionen.* Aus: Irle, Martin; Bussmann, Wolf (Hrsg.): *Enzyklopädie der Psychologie. Bd. D III 4: Marktpsychologie als Sozialwissenschaft.* Göttingen, Toronto, Zürich (Hogrefe) 1983. S. 626-735.

MÜLLER, Günter F.: *Prozesse sozialer Interaktion.* Göttingen, Toronto, Zürich (Verlag für Psychologie) 1985.

MÜLLER-HAGEDORN, Lothar (Hrsg.): *Kundenbindung im Handel.* Frankfurt a.M. (Deutscher Fachverlag) 1999.

MÜLLER-HAGEDORN, Lothar: *Kundenbindung mit System.* Aus: Müller-Hagedorn, Lothar (Hrsg.): *Kundenbindung im Handel.* Frankfurt a.M. (Deutscher Fachverlag) 1999. S. 11-44.

MÜLLER-HAGEDORN, Lothar: *Handelsmarketing. (3. Aufl.)* Stuttgart, Berlin, Köln (Kohlhammer) 2002.

NELSON, Philip: *Information and Consumer Behavior.* In: *Journal of Political Economy,* 78. Jg. (1970), H. 2, S. 311-329.

NERDINGER, Friedemann W.: *Zur Psychologie der Dienstleistung. Theoretische und empirische Studien zu einem wirtschaftspsychologischen Forschungsgebiet.* Stuttgart (Schäffer-Poeschel) 1994.

NERDINGER, Friedemann W.: *Psychologie des persönlichen Verkaufs.* München, Wien (Oldenbourg) 2001.

NESTMANN, Frank (Hrsg.): *Beratung. Bausteine für eine interdisziplinäre Wissenschaft und Praxis.* Tübingen (Dgvt.) 1997.

NEWELL, Allen; SIMON, Herbert A.: *Human Problem Solving.* Englewood Cliffs, NJ (Prentice-Hall) 1972.

NGOBO, Paul V.: *The Standard's Issue: An Accessibility-Diagnosticity Perspective.* In: *Journal of Consumer Satisfaction, Dissatisfaction and Complaining Behavior,* 10. Jg. (1997), S. 61-79.

NIESCHLAG, Rober; DICHTL, Erwin; HÖRSCHGEN, Hans: *Marketing. (15. Aufl.)* Berlin (Duncker & Humblot) 1988.

NITSCH, Jürgen R. (Hrsg.): *Der rote Faden: Eine Einführung in die Technik wissenschaftlichen Arbeitens.* Köln (bps) 1994.

NITSCH, Jürgen R.: *Aller Anfang ist schwer. Fragestellungen.* Aus: Nitsch, Jürgen R. (Hrsg.): *Der rote Faden: Eine Einführung in die Technik wissenschaftlichen Arbeitens.* Köln (bps) 1994. S. 59-89.

O.V.: *Eurostat. Absatzvolumen im Einzelhandel in der Eurozone um 1,6% gesunken.* Luxemburg 63/2003.

O.V.: *Das Deutsche Kundenbarometer 1993. Eine Studie zur Kundenzufriedenheit in der Bundesrepublik Deutschland.* Düsseldorf, Bonn 1993.

OLSON, Jerry C.: *Theoretical Foundations of means-end chains.* Pennsylvania State University, Working Paper Nr. 174, Pennsylvania 1988 Als Manuskript gedruckt.

OTTO, Holger: *Problemlösen in High-Contact-Dienstleistungen.* Wiesbaden (Gabler) 1999.

PANNE, Friedrich: *Das Risiko im Kaufentscheidungsprozeß des Konsumenten. Die Beiträge risikotheoretischer Ansätze zur Erklärung des Kaufentscheidungsverhaltens des Konsumenten.* Frankfurt a.M., Zürich (Harri Deutsch) 1977.

PARASURAMAN, A.; ZEITHAML, Valarie A.; BERRY, Leonard L.: *A Conceptual Model of Service Quality and its Implications for Future Research.* In: Journal of Marketing, 49. Jg. (1985), S. 41-50.

PARASURAMAN, A.; ZEITHAML, Valerie A.; BERRY, Loanard L.: *SERVQUAL: A Multiple-Item Scale for Measuring Consumer Perceptions of Service Quality.* In: Journal of Retailing, 64. Jg. (1988), H. 1, S. 12-40.

PERDERSON, Carlton A.; WRIGTH, Milburn D.; WEITZ, Barton A.: *Selling: Principles and Methods.* (9th ed.) Homewood, Illinois (Irwin) 1988.

PEPELS, Werner: *Handelsmarketing:* Gabler (Wiesbaden) 1995.

PETER, J. Paul; OLSON, Jerry C.: *Understanding Consumer Behavior.* Burr Ridge, Boston, Sydney (Irwin) 1994.

PETER, J. Paul; OLSON, Jerry C.: Consumer behavior and marketing strategies. New York (McGraw-Hill) 2001.

PETER, J. Paul; OLSON, Jerry C.; GRUNERT, Klaus G.: Consumer Behavior and Marketing Strategy. European Edition. London (McGraw-Hill) 1999.

PETER, Sibylle I.: Kundenbindung als Marketingziel: Identifikation und Analyse zentraler Determinanten. Wiesbaden (Gabler) 1997.

PETERMANN, Franz: Psychologie des Vertrauens. (3. Aufl.). Göttingen, Bern, Toronto u.a. (Hogrefe) 1996.

PIETERS, Rik; BAUMGARTNER, Hans; ALLEN, Doug: A Means-End Approach to Consumers Goal Structures In: Journal of Research in Marketing, 12. Jg. (1995), S. 227-244.

PIKKERMAAT, Birgit: Informationsverhalten in komplexen Entscheidungssituationen - dargestellt anhand der Reiseentscheidung. Frankfurt a.M. (Lang) 2002.

PLÖTTNER, Olaf: Das Vertrauen des Kunden. Relevanz, Aufbau und Steuerung auf industriellen Märkten. Wiesbaden (Gabler) 1994.

RAAIJ, van W. Fred: The Formation and Use of Expectations in Consumer Decision Making. Aus: Robertson, Thomas S.; Kassarjian, Harold H. (Hrsg.): Handbook of Consumer Behavior. London, Sydney, Toronto u.a. (Prentice-Hall) 1991. S. 401-418.

RAFFÉE, Hans: Konsumenteninformation und Beschaffungsentscheidung des privaten Haushalts. Stuttgart (Poeschel) 1969.

RAFFÉE, Hans; SILBERER, Günter: Ein Grundkonzept für die Erfassung und Erklärung des subjektiven Informationsbedarfs bei Kaufentscheidungen des Konsumenten. Bericht des Sonderforschungsbereichs 24 Mannheim 1975.

RAMSEY, R. P.; SOHI, R. S.: Listening to your customers: The impact of perceived salesperson listening behavior on relationsship outcomes. In: Journal of the Acadamy of Management Science, 25. Jg. (1997), S. 127-137.

REYNOLDS, Thomas J.; OLSON, Jerry C. (Hrsg.): *Understanding consumer decision making. The means-end approach to marketing and advertising strategy.* Mahwah, NJ (Erlbaum) 2001.

REYNOLDS, Thomas J.; OLSON, JERRY, C.: *The Means-End Approach to Understanding Consumer Decision Making.* Aus: Reynolds, Thomas J.; Olson, Jerry C. (Hrsg.): *Understanding consumer decision making. The means-end approach to marketing and advertising strategy.* Mahwah, NJ (Erlbaum) 2001. S. 3-20.

ROBERTSON, Thomas S.; KASSARJIAN, Harold H. (Hrsg.): *Handbook of Consumer Behavior.* London, Sydney, Toronto u.a. (Prentice-Hall) 1991.

ROSELIUS, Ted: *Consumer Rankings of Risk Reduction Methods.* In: *Journal of Marketing*, 35. Jg. (1971), H. 1, S. 56-61.

ROSENBERG, Morris J.: *Cognitive Structure and Attitudinal Affect.* In: *Journal of Abnormal and Social Psychologie*, 53. Jg. (1956), S. 367-372.

RUDOLPH, Bettina: *Kundenzufriedenheit im Industriegüterbereich.* Wiesbaden (Gabler) 1998.

RUDOLPH, Thomas; SCHWEIZER, Markus: *Kunden wieder zu Käufern machen.* In: *Harvard Business Manager*, Jg. 2003, H. Februar, S. 23-33.

SCHARITZER, Dieter: *Dienstleistungsqualität - Kundenzufriedenheit.* Wien (Wirtschaftsuniversität Wien) 1994.

SCHERHORN, Gerhard: *Die Beratung der Verbraucher im Handel und in der Verbraucherberatung: Schwerpunkte und Kriterien.* Aus: Lübke, Volker; Schoenheit, Ingo (Hrsg.): *Die Qualität von Beratungen für Verbraucher.* Frankfurt a.M., New York (Campus) 1985. S. 48-55.

SCHIFFMAN, Leon G.; KANUK, Leslie L.: *Consumer Behavior. (7th. ed.)* Upper Saddle River, N.J. u.a. (Prentice Hall) 2000.

SCHMIDT, Ralf: *Marktorientierte Konzeptfindung für langlebige Gebrauchsgüter. Messung und QFD-gestützte Umsetzung von Kundenforderungen und Kundenurteilen.* Wiesbaden (Gabler) 1996.

SCHMITZ, Gertrud: *Marketing für professionelle Dienstleistungen.* Wiesbaden (Gabler) 1997.

SCHMITZ, Gertrud: *Die Zufriedenheit von Versicherungsvertretern als unternehmerische Zielgröße. Stellenwert, Erfassungskonzept und empirische Befunde.* Wiesbaden (DUV) 2002.

SCHNEIDER, Christoph: *Präferenzbildung bei Qualitätsunsicherheit: Das Beispiel Wein.* Berlin (Duncker & Humblot) 1997.

SCHOCH, Rolf: *Der Verkaufsvorgang als sozialer Interaktionsprozess.* Winterthur (Schellenberg) 1969.

SCHOENHEIT, Ingo: *Die Qualität von Beratungsleistungen für Verbraucher.* Aus: Lübke, Volker; Schoenheit, Ingo (Hrsg.): *Die Qualität von Beratungen für Verbraucher.* Frankfurt a.M., New York (Campus) 1985. S. 15-25.

SCHOLZEN, Jan N.: *Der Einfluß moderierender psychographischer Variablen auf den Country of Origin-Effekt.* Aachen (Shaker) 2001.

SCHOPPHOVEN, Iris: *Messung von Entscheidungsqualität: Konzeptualisierung, Operationalisierung und Validierung eines Meßinstrumentarium für Entscheidungsqualität.* Frankfurt a.M., Berlin, Bern u.a. (Peter Lang) 1996.

SCHUCHERT-GÜLER, Pakize: *Kundenwünsche im persönlichen Verkauf.* Wiesbaden (DUV) 2001.

SCHUCKEL, Marcus: *Bedienungsqualität im Einzelhandel.* Stuttgart (Kohlhammer) 1999.

SCHULZ VON THUN, Friedemann: *Miteinander Reden 1: Störungen und Klärungen.* Hamburg (Rowohlt) 1997.

SCHULZ, Roland: *Kaufentscheidungsprozesse des Konsumenten.* Wiesbaden (Gabler) 1972.

SCHÜTZE, Roland: *Kundenzufriedenheit. After-Sale-Marketing auf industriellen Märkten.* Wiesbaden (Gabler) 1992.

SCHWALBE, Heinz; ZANDER, Ernst (Hrsg.): *Der Verkaufsberater.* Freiburg (Haufe) 1987.

SCHWAN, Konrad; SEIPEL, Kurt G: *Erfolgreich beraten. Grundlagen der Unternehmensberatung.* München (Vahlen) 2002.

SCHWEIGER, Günter; MAZANEC, Josef; WIEGELE, Otto: *Das Modell des "erlebten Risikos" ("perceived risk"): Struktur und Operationalisierungskonzepte.* In: *Der Markt*, 60. Jg. (1976), S. 93-100.

SCHWEIKL, Herbert: *Computergestützte Präferenzanalyse mit individuell wichtigen Produktmerkmalen.* Berlin (Duncker & Humblot) 1985.

SEEL, Norbert M.: *Psychologie des Lernens.* München, Basel (UTB) 2000.

SHEMWELL, Donald J.; YAVAS, Ugur; BILGIN, Zeynep: *Customer-Service provider relationships. An empirical test of a model of service quality, satisfaction and relationship-oriented outcomes.* In: *International Journal of Service Industry Management*, 9. Jg. (1998), H. 2, S. 155-168.

SHOEMAKER, Robert W.; SHOAF, F. Robert: *Behavioral Changes in the Trial of New Products.* In: *Journal of Consumer Research*, 2. Jg. (1975), H. September, S. 104-109.

SIEMER, Silke: *Einkaufstättenprofilierung durch Handelsmarkenware des Lebensmitteleinzelhandels. Ein gedächtnispsychologischer Erklärungsansatz.* Aachen (Shaker) 1999.

SILBERER, Günter: *Warentest, Informationsmarketing, Verbraucherverhalten.* Berlin (Nicolai) 1979.

SIMON, Hermann; HOMBURG, Christian (Hrsg.): *Kundenzufriedenheit. Konzepte - Methoden - Erfahrungen.* 3. Aufl. Wiesbaden (Gabler) 1998.

SPREMANN, Klaus: *Asymmetrische Informationen.* In: *Zeitschrift für Betriebswirtschaft.*, 60. Jg. (1990), S. 561-586.

STÄUDEL, Thea: *Problemlösen, Emotionen und Kompetenz. Die Überprüfung eines integrativen Konstrukts.* Regensburg (S. Roderer) 1987.

STAUSS, Bernd: *Kundenzufriedenheit.* In: *Marketing ZFP*, 21. Jg. (1999), H. 1, S. 5-24.

STAUSS, Bernd; HENTSCHEL, Bert: *Dienstleistungsqualität.* In: *Wirtschaftswissenschaftliches Studium (WiSt)*, 20. Jg. (1991), H. 5, S. 238-244.

STAUSS, Bernd; SEIDEL, Wolfgang: *Pozessuale Zufriedenheitsermittlung und Zufriedenheitsdynamik bei Dienstleistungen.* Aus: Simon, Hermann; Homburg, Christian (Hrsg.): *Kundenzufriedenheit. Konzepte - Methoden - Erfahrungen.* 3. Aufl. Wiesbaden (Gabler) 1998.

STEFFENHAGEN, Hartwig: *Kommunikationswirkung. Kriterien und Zusammenhänge.* Hamburg 1984.

STEFFENHAGEN, Hartwig: *Wirkungen der Werbung. Konzepte - Erklärungen - Befunde.* Aachen (Augustinus) 1996.

STEFFENHAGEN, Hartwig: *Marketing. Eine Einführung (5. Auflage).* Stuttgart (Kohlhammer) 2004.

STEFFLRE, Buford; BURKS, Herbert M.: *Function of Theory in Counseling.* Aus: Burks, Herbert M.; Stefflre, Buford (Hrsg.): *Theories of counseling.* (2. ed.) New York (McGraw-Hill) 1979. S. 1-27.

STROEBE, Wolfgang (Hrsg.): *Sozialpsychologie. Bd. I.* Darmstadt (Wissenschaftliche Buchgesellschaft) 1978.

SWAN, John W.; NOLAN, Johannah J.: *Gaining customer trust: A conceptual guide for the salesperson.* In: *Journal of Personal Selling and Sales Management*, 5. Jg. (1985), S. 39-48.

TOLLE, Elisabeth: *Informationsökonomische Erkenntnisse für das Marketing bei Qualitätsunsicherheit der Konsumenten.* In: *Zeitschrift für betriebswirtschaftliche Forschung (zfbf)*, 46. Jg. (1994), S. 926-938.

TROMMSDORFF, Volker (Hrsg.): *Handelsforschung 1997. Kundenorientierung im Handel.* Wiesbaden (Gabler) 1997.

TROMMSDORFF, Volker: *Konsumentenverhalten. (3. Aufl.)* Stuttgart, Berlin, Köln (Kohlhammer) 1998.

TROMMSDORFF, Volker: *Konsumentenverhalten. (5. Aufl.).* Stuttgart (Kohlhammer) 2003.

VENKATESAN, M.; SCHMALENSEE, DIANE M.: MARSHALL, CLAUDIA (Hrsg.): *Creativity in Services Marketing. Proceedings Series.* Chicago (American Marketing Association) 1986.

WALD, Renate: *Verkaufen - eine Dinstleistung im Strukturwandel.* Frankfurt a.M., New York (Campus) 1985.

WALKER, Beth A.; OLSON, Jerry: *Means-end Chains: Connecting Products with Self.* In: *Journal of Business Research,* 22. Jg. (1991), S. 111-118.

WATZLAWICK, Paul; BEAVIN, Janet H.; JACKSON, Don D.: *Menschliche Kommunikation. Formen - Störungen - Paradoxien. 10. Aufl.* Göttingen, Toronto, Seatle (Huber) 2000.

WEIBER, Rolf (Hrsg.): *Handbuch Electronic Business. Informationstechnologien - Electronic Commerce - Geschäftsprozesse.* Wiesbaden (Gabler) 2000.

WEIBER, Rolf; ADLER, Jost: *Informationsökonomisch begründete Typologisierung von Kaufprozessen.* In: *Zeitschrift für betriebswirtschaftliche Forschung (zfbf),* 47. Jg. (1995a), H. 1, S. 43-65.

WEIBER, Rolf; ADLER, Jost: *Positionierung von Kaufprozessen im informationsökonomischen Dreieck - Operationalisierung und verhaltenswissenschaftliche Prüfung.* In: *Zeitschrift für betriebswirtschaftliche Forschung (zfbf),* 47. Jg. (1995), S. 99-123.

WEIBER, Rolf; KRÄMER, Tanja: *Paradoxien des Electronic Business.* Aus: Weiber, Rolf (Hrsg.): *Handbuch Electronic Business. Informationstechnologien - Electronic Commerce - Geschäftsprozesse.* Wiesbaden (Gabler) 2000. S. 149-177.

WEIS, Hans C.: *Verkauf. (5. Auflage)* Ludwigshafen am Rhein (Kiehl) 2000.

WEITZ, Barton A.; BRADFORD, Kevin D.: *Personal Selling and Sales Management: A Relationship Marketing Perspective.* In: *Journal of the Acadamy of Marketing Science*, 27. Jg. (1999), H. 2, S. 241-254.

WILDE, Louis L.: *Information Costs, Duration of Search, and Turnover: Theory and Applications.* In: *Journal of Political Economy*, 89. Jg. (1981), S. 112-1141.

WISWEDE, Günter: *Reaktanz. Zur Anwendung einer sozialwissenschaftlichen Theorie auf Probleme der Werbung und des Verkaufs.* In: *Jahrbuch der Absatz- und Verbrauchsforschung*, 25. Jg. (1979), H. 1, S. 81-110.

WISWEDE, Günter: *Einführung in die Wirtschaftspsychologie. (3. Aufl.)* München (UTB für Wissenschaft) 2000.

WITTMANN, Waldemar (Hrsg.): *Handwörterbuch der Betriebswirtschaft. (5. Aufl.)* Stuttgart (Poeschel) 1993.

WITTMANN, Waldemar: *Unternehmung und unvollkommene Information. Voraussicht, Ungewißheit und Planung.* Köln, Opladen (Westdeutscher Verlag) 1959.

ZACHARIAS, Ralf: *Gebrauchsgüterbeurteilung von Konsumenten in verschiedenen Verwendungssituationen: ein verhaltenswissenschaftliches Erklärungsmodell und dessen kausalanalytische Überprüfung.* Wiesbaden (Gabler) 1995.

ZAICHKOWSKY, Judith L.: *Measuring the Involvement Construct.* In: *Journal of Consumer Research*, 12. Jg. (1985), S. 341-352.

ZEITHAML, Valerie A.: *How Consumer Evaluation Processes Differ between Goods and Services.* Aus: Lovelock, Christopher H. (Hrsg.): *Service-Marketing.* Englewood Cliffs, N.J. (Prentice-Hall) 1984. S. 191-199.

ZEITHAML, Valerie A.; BITNER, Mary Jo: *Services Marketing.* New York, St. Louis, San Francisco u.a. (McGraw-Hill) 1996.

Printed and bound by PG in the USA